***Gaston Salvatore***

*Einladung zum Untergang*

*Venezianische Hintertreppen*

*Gaston Salvatore*

# *Einladung zum Untergang*
## *Venezianische Hintertreppen*

*Picus Lesereisen*

*Picus Verlag Wien*

*Für Monika*

Die Deutsche Bibliothek – CIP-Einheitsaufnahme

*Salvatore, Gaston:*
Einladung zum Untergang: venezianische Hintertreppen /
Gaston Salvatore. – Wien: Picus Verl., 2000
(Picus Lesereisen)
ISBN 3-85452-729-2


Grafische Gestaltung: Dorothea Löcker, Wien
Umschlagabbildung: Venedig, © Pictor
Druck und Verarbeitung: Druckerei Theiss, Wolfsberg
ISBN 3-85452-729-2

*Inhalt*

# *Der venezianische Feuervogel*

## *I. Nomen est omen*

Jeder kennt einen Herrn Groß, der klein wie ein Zwerg ist, oder eine Frau Weiß, die oft schwarz sieht und vielleicht aus Namibia stammt. Wer ist nicht schon einem Herrn Klein begegnet, der sich bücken muß, wenn er ein Zimmer betritt? Frau Klein ist klein. Als ich Anfang 1997 die vierzig Meter hohen Flammen aus dem Innern des »Fenice«-Theaters in den Himmel hinaufstiegen sah, die Venedig – völlig überraschend – mit dem Feueruntergang bedrohten, ging mir die Bedeutung des Theaternamens nicht aus dem Kopf: »Fenice« ist das italienische Wort für Phönix. Ich nehme an, daß die allermeisten von jenem Vogel aus der ägyptischen Mythologie gehört haben; er besitzt die Fähigkeit, aus der eignen Asche wiedergeboren zu werden. Bis zur Feuerkatastrophe schien »Fenice«, als Phönix, auch mir ein geeigneter Name für ein Theater, das nach einem Brand wiederaufgebaut wird. Der mythologische Vogel verjüngt sich, indem er zu Asche wird. Als vor etwa dreihundert Jahren ein neuer Theaterbau den durch einen Brand zerstörten alten ersetzte, bekam er vom großen venezianischen Rat den stolzen Namen des tollkühnen Vogels. »Fenice« war ein Programm. Während ich als ebenso faszinierter wie entsetzter Zaungast der venezianischen Feuerorgie beiwohnte, nagte an mir die Frage, ob der Name Phönix nur zukunftsgläubige Zuversicht ausdrückte oder nicht auch Warnung, vielleicht sogar Schicksal war.

## *II. Mutmaßungen über Phönix*

Der magische Phönix ist lebensmüde geworden. Die langen Flüge gelingen ihm nicht mehr. Seine Sprünge sind zaghaft, seine Gesänge heiser, sein Gefieder ist zerrupft. Seine Bilder sind unscharf geworden. »Fenice« beschließt, seinem Leben ein Ende zu setzen, aber nur, so der Mythos, weil er weiß, daß dem Tod in Wahrheit seine Wiedergeburt folgt. Es handelt sich um eine Gewißheit, die mich in Erstaunen versetzt. Phönix sammelt seine letzten Kräfte und widmet sich emsig seinem Selbstmord. Zunächst baut er sich einen Scheiterhaufen. Wir wissen nicht, wie lange der Bau der Todesstätte dauert. Doch da »Fenice« alt und verbraucht ist, dürfen wir folgern, daß der tragisch optimistische Vogel am Ende zwar stolz, aber erschöpft ist. Er singt nicht. Der Schwanengesang ist so unvergeßlich schön, eben weil der Abschied endgültig ist. Im Fall des alten Phönix ist Schönheit nicht mehr gefragt. Der Feuervogel ist nüchtern. Er macht sich auf die Suche nach einer Kohlenglut. Seine Augen täuschen ihn, seine Flügel wiegen schwer wie Blei, sein Spürsinn läßt ihn immer öfter im Stich. Sein Flug droht endlos zu werden. Endlich wird er fündig. Der Rückflug ist nicht weniger qualvoll, denn der Scheiterhaufen ist fern und sein Schnabel fängt bereits Feuer. Phönix kommt an, legt die Glut unter den Scheiterhaufen, setzt sich auf die Spitze und wartet.

Die Szene ist alles andere als feierlich. Der Rauch macht ihn blind. Von einem Todesgesang kann nicht die Rede sein. »Fenice« hustet. Das Feuer läßt sich Zeit. Phönix überfällt die Angst, unsterblich zu sein. Doch dann fällt ihm doch noch ein Zaubertrick ein, die letzte Nummer des magischen Vogels. Sie als rettende Idee zu bezeichnen klingt sonderbar. Der arme Vogel fängt an, das Feuer mit seinen Schwingen anzufachen, immer schneller, immer besessener, bis die Flammen hoch lodern. Das Feuer bildet ein schönes Spektakel. Was bleibt? Ein Haufen Asche. Wann findet die Wiedergeburt statt? Auch das Verständnis der mythischen Zeit versagt sich uns.

### *III. Eine Zeichnung von Tiepolo*

Der Himmel über Venedig war dunkelrot. Aus jedem Fenster, vom dunkelsten Hinterhof aus, konnte man die Flammen sehen. Ein gespenstischer Feuerregen fiel auf die entferntesten Dächer. Balken und Dachstühle sind in Venedig aus Holz. Jeder bangte um sein Haus. Wer eine Terrasse oder einen Garten besaß, fühlte sich verpflichtet, in der Nähe des eigenen Wasserschlauchs zu bleiben. Aber die Panik, die sich in der Stadt ausbreitete, war stumpf. Sie hielt sich in Grenzen. Noch war der Wind schwach.

»La Fenice« brannte nicht zum ersten Mal. 1788, im Jahr vor der Französischen Revolution, hatte ein Brand das Theater zerstört. Phönix fahndete nach seiner Wiedergeburt. Europa stand unmittelbar vor der großen gesellschaftlichen Umwälzung. Eine Zeichnung von Tiepolo hat die Theaterflammen festgehalten. Auch sie sind riesig und steigen gerade in den Himmel. Es gibt keinen Wind. Venedig sollte vom Brand verschont bleiben. Die Szene, die ich zwei Jahrhunderte später beobachte, ist mit der des Tiepolo vergleichbar. Aber die seinige ist geräuschlos. Bis zu unserer Zeit war die Geschichte stumm, nur Wortbeschreibungen und Bilder. Unter diesem Aspekt bekommen die Arbeiten von Dramatikern und Komponisten eine zusätzliche Wichtigkeit: Sie erlauben uns, die Vergangenheit mit Tönen und Klängen zu sehen. Die Flammen des Tiepolo schweigen. Um das unheimlich donnernde Geräusch des Brandes, das ich höre, darzustellen, hätte der venezianische Maler vermutlich einen Mann zeichnen müssen, der sich wie ich mit beiden Händen die Ohren zuhält. Die Skizze gilt den Flammen, die aus dem Bauch des Theaters schlagen. Die vereinzelten Figuren, die auf dem Blatt sichtbar sind, wirken hilflos.

In Tiepolos »Fenice« würde kein Mozart

mehr spielen können. Das einstige Wunderkind lag in seinem Wiener Krankenbett. Mozarts Musik war jedoch schon davor ein unzerstörbarer Bestandteil des brennenden Theaters geworden.

*IV. Die letzte Geburtstagsfeier*

1992 hatte ich der Zweihundertjahrfeier des Wiederaufbaus beigewohnt. Der schöne Theatersaal *all'italiana* blieb hell. Auf der Bühne lief eine ebenso teure wie routinierte Aufführung von »Don Carlos«. Die geladenen Gäste waren festlich angezogen. Die vergoldeten Verzierungen und Lampen glänzten. Der altrosa Samt der Polsterung war neu. Jede Lampe an der blank geputzten imposanten Hängelampe aus Glas leuchtete. Der hellblaue Himmel an der Decke war von geübten Händen restauriert worden. Obwohl die moderne Klimaanlage sanft summte, fühlte ich mich in dieser alten Welt geborgen. Der Verfall hatte vor den Eingängen haltgemacht.

Das Geschehen auf der Bühne zerstörte diesen Zauber. Die krassen dunkelgrünen und tiefroten Töne des Bühnenraums, der noch mit übergroßen Pferdesilhouetten in rohem Holz bevölkert war, brachten die verstaubte Ästhetik der siebziger Jahre in den Saal hinein. Es half nicht, daß Samuel Ramey und die Kavaivanska unter Daniel Oren Verdis Musik zu Schillers Inquisitionsdrama meisterlich sangen.

Das Bühnenbild war geisterhaft, es wirkte älter auf mich als das Theater, älter als zweihundert Jahre. Häßlichkeit wirkt selten jung.

Das wahre Spektakel fand in den Pausen statt. Es gab eine nach jedem Akt, und sie waren lang, damit alle miteinander sprechen oder vor einer der zahllosen Fernsehkameras »La Fenice« ihre Huldigungen darbringen konnten. Jeder, der im Land zählte, war nach Venedig ins Foyer des Theaters gekommen. Der schwere Außenminister, den viele zu jener Zeit als den letzten Dogen bezeichneten – es gibt in Venedig immer wieder einen letzten Dogen –, hielt Hof im vergoldeten Rahmen. Auf ihn kam es an. Er war der eigentliche Gastgeber. Die Gäste rangen miteinander um die Aufmerksamkeit oder wenigstens die Hand des mächtigen Mannes. Es entstand ein seltsam grotesker Tanz. Noch war nicht bekannt, daß der Außenminister in die größte Korruptionsaffäre seit Gründung der italienischen Republik verwickelt war. Er sollte bald danach darüber stürzen. An den Wandspiegeln standen die Tische mit dem üppigen Buffet. Es war nicht gespart worden. Speisen und Getränke waren frei. Keinem der Gäste schien bewußt zu sein, daß die fetten Achtziger längst zu Ende gegangen waren. Dort an den überladenen Tischen wurde der groteske Tanz mit dem dicken Dogen zum Krieg. Wir waren alle Eindringlinge in den geduldigen Räumen von »La Fenice«.

Wie so oft war es zu spät. »La Fenice« war

nicht mehr zu retten. Katastrophen, die uns nicht direkt gefährden, üben eine unentrinnbare Faszination auf die Menschen aus. Möglicherweise stellt diese instinktive Anziehungskraft überhaupt den Ursprung des Theaters dar. Der Brand war die letzte Vorstellung von »La Fenice«. Es war zweifellos seine beste.

## *V. Die letzte Vorstellung – ein Trauerspiel*

Seit jeher kokettiert Venedig mit dem Untergang. Jeden Winter könnte die Stadt bei einer Sturmflut verschwinden. Trotzdem kenne ich keinen Venezianer, der wirklich daran glaubt. Das Sinken Venedigs hat für die Einheimischen etwas Eintöniges wie die Ewigkeit. Das Feuer war einmalig.

Wie bei einem der vielen Hochwasser herrschte während des Brandes eine eigenartige Volksfeststimmung in der Stadt. Die Klagen, die allerorts zu hören waren, hatten etwas Halbherziges, Heuchlerisches wie die von Kindern, die ihren Spaß verbergen wollen. Ich fragte mich, wie viele unter den Zuschauern des Brandes jemals in »La Fenice« gewesen waren. Vielleicht bereute es jetzt der eine oder andere, jene einzige Opernvorstellung während der Schulzeit versäumt zu haben – war es »La Traviata« oder »Madame Butterfly«? Sonst füllten lauter hausbackene Neros die Gassen, die zum brennenden Theater führten. Sie standen den Feuerwehrmännern im Weg.

Nur die tadellosen Musikliebhaber waren wie vom Blitz getroffen. Noch gab es keine Schuldigen. Renovierungsarbeiten hatten eine vorübergehende Einstellung des künstlerischen Betriebs erforderlich gemacht. Es war Feierabend. Das Theater stand leer. Kein einziger Pförtner saß in seiner Loge. Offenbar hatte die Berieselungsanlage nicht funktioniert. Daß die Alarmsensoren stumm geblieben waren, lag auf der Hand. Die Feuerwehr hatte erst ein Nachbar benachrichtigt, als er das Feuer aus dem Dach des Theaters züngeln sah. Für die Löscharbeiten gab es – für Venedig sehr erstaunlich – kein Wasser. Die Feuerwehrboote konnten nicht einmal in unmittelbarer Nähe des Theaters anlegen, weil sämtliche Kanäle um »La Fenice« gesperrt waren.

Diese Gegebenheit bedarf einer kurzen Erklärung. Die venezianischen Kanäle müssen nach einem zyklischen System von Zeit zu Zeit ausgebaggert werden, damit sie befahrbar bleiben. Die eifrige Stadtregierung hatte kurz zuvor diesen unerläßlichen Dienst, der in den letzten fünfzig Jahren vernachlässigt worden war, wieder aufgenommen. Deswegen sind viele Kanäle bei Ebbe bis heute nicht befahrbar. Ausgerechnet zur Zeit der Brandkatastrophe baggerten Kanalarbeiter sämtliche Zufahrtswege zum Theater aus. Brände löscht man in Venedig verständlicherweise mit dem Wasser der Kanäle. Die Pumpen befinden sich in den Feuerwehrbooten. Da diese nur bis zu den Kanalabsperrungen fahren konnten, mußten die

Schläuche auf trockengelegte Kanäle und durch die Gassen gelegt werden. Dafür waren sie jedoch zu kurz. Als es den Feuerwehrmännern endlich gelungen war, die Schläuche aneinander zu koppeln, um das Wasser über die langen Strecken bis zum Brand zu pumpen, stellten sie fest, daß sie nicht über genügend viele Wasserstrahler verfügten. Außerdem war der Druck wegen der langen Wege zu schwach. Inzwischen hatten sich in den Gassen Menschenketten gebildet, die Wassereimer beförderten. Ich weiß nicht, ob sie sich bei der vergeblichen Mühe wenigstens nützlich vorkamen. Der Einsatzleiter der Feuerwehr teilte dem niedergeschlagenen, aber eifrig mithelfenden Bürgermeister mit, daß »La Fenice« verloren war. Der professionelle Feuerbekämpfer sah seine Aufgabe darin, den Brand einzugrenzen, damit das Feuer nicht auf die Nachbarhäuser übergriff. Die Fernsehkameras liefen auf Hochtouren. Sie nahmen das brennende Theater von allen Seiten auf und folgten dem rasenden Bürgermeister, der gestikulierend und Anleitungen herausschreiend seine virtuelle Feuerbekämpfung fortsetzte. Der Politiker machte auf mich den Eindruck eines aufgescheuchten Vogels. Obwohl es noch lange keine Schuldigen gab, hielt er sich, vermutlich zurecht, bereits für einen Pechvogel, denn der Brand von »La Fenice« sicherte ihm einen festen Platz in der venezianischen Geschichte.

Der Wind blieb aus. Die anliegenden Häuser waren, als der Morgen graute, unversehrt. Die Löscharbeiten besorgten vier Canadair-Hubschrauber, die während der ganzen Nacht das Wasser aus der Lagune unmittelbar vor dem Markusplatz schöpften und über die Theaterflammen ausgossen. Venedig hatte sich wieder einmal gerettet. Wie durch ein Wunder standen die Außenmauern des »Fenice« noch. Drinnen herrschte nur noch rauchende Leere unter freiem Himmel. Der Brandgeruch blieb monatelang in der Luft schweben. Der Theaterbau existierte nicht mehr. Aber die Theaterlegende wurde mit jedem Tag stärker. Auf einmal kamen sich nicht nur die Venezianer um ein ganzes Stück ärmer vor. Es war verwunderlich. Vielleicht nur, weil sie die hohen Flammen im Fernsehen gesehen hatten, bildeten sich Menschen aus aller Welt ein, daß sie »La Fenice« vermißten. Überall entstanden Vereine, die es sich zur Aufgabe machten, für den Wiederaufbau zu sammeln. Von Santiago de Chile bis Sydney war der künftige Theaterbau Gegenstand aufgeregter Diskussionen.

»Wo es war, wie es war«, hatte der Bürgermeister noch während der Löscharbeiten vor den Fernsehkameras versprochen. Die Losung war zwar prägnant, aber schwer verständlich. Warum sollte jemand auf die Idee kommen, das Theater an einem anderen Platz wiederaufzubauen. Wie hätte man in jenem Fall noch von einer Wiedergeburt des »Fenice« sprechen können? Nur wenige vielleicht wußten eine Erklärung für diese Aussage. 1902 hatte der Stadtrat beschlossen, den baufälligen Glockenturm der Markuskirche abzureißen. Es bestand Einsturzgefahr. Der damalige Bürgermeister hatte die skeptischen Venezianer mit den Worten »wo er war, wie er war« zu beruhigen versucht. Was er damit meinte, ist einleuchtend. Stabilitätsgründe hätten durchaus eine Verlagerung des Bauplatzes an der Markuskirche erforderlich machen können. Ein kurzer Vergleich der Aufnahmen beider Glockentürme genügt, um festzustellen, daß der einstige Bürgermeister sein Versprechen nicht einhielt. Der neue Glockenturm ist entschieden massiver, gröber. Den maschinell angefertigten Backsteinen fehlt die Grazie der alten. Das Neue an ihnen ist heute noch auffallend. Wie sein Vorgänger ließ sich auch der jetzige Bürgermeister ein zusätzliches Versprechen ablocken. Die Wiederaufbauzeit würde höchstens ein Jahr dauern. Er lud alle Venezianer zur Wiedereröffnungsfeier ein, die im Januar 1998 stattfinden sollte. Der Bau des Glockenturms auf dem Markusplatz nahm ganze zehn Jahre in Anspruch und wurde erst 1912 fertiggestellt. Seit dem Brand des »Fenice« sind bereits drei Jahre vergangen. Die Wiederaufbauarbeiten haben immer noch nicht begonnen.

Selbst »wie es war«, der zweite Teil des bürgermeisterlichen Versprechens, ist nicht unproblematisch. Die Architektur Venedigs ist eine

Mischung verschiedenartigster Baustile. Was haben die Markuskirche, der Dogenpalast, die gegenüberliegende Bibliothek des Sansovino und der napoleonische Trakt, der dem Markusplatz seine endgültige Form gab, gemeinsam? Ich habe namhafte Architekten sagen hören, daß die Lagunenstadt eine Vorgängerin von Disneyland sei. Das ist eine provozierende Aussage, die außerdem nicht zutrifft. Denn Venedig ist im Lauf der vielen Jahrhunderte entstanden. Die Zeit, vielleicht die größte aller Künstlerinnen, hat die unterschiedlichsten Bauten miteinander verschmolzen und aus einem stilistischen Wirrwarr ein anmutiges Ganzes geschaffen.

In den Monaten nach dem Brand gab es bei den Weinabenden mit den Freunden nur ein Thema. Plötzlich hielt sich jeder für einen heimlichen Architekten. Traditionalisten und Erneuerer, alle fühlten sich berufen, ihre Meinung über den angeblich unmittelbar bevorstehenden Wiederaufbau kundzutun. Die überwiegende Mehrheit der Streitenden war sich mit dem Bürgermeister einig. Sie beteuerten nicht zu unrecht, daß Venedig die einzige Stadt der Welt sei, deren Kern in den letzten beiden Jahrhunderten weitgehend intakt geblieben ist. Innerhalb der verrauchten Mauern mußte also eine exakte Kopie des zerstörten Theaters entstehen. So und nicht anders gehörte es sich für einen Phönix. Nach einigen Jahren, das versprachen sich die meisten Venezianer, würde keiner mehr genau unterscheiden können, ob nicht nur eine längst fällige Instandsetzung durchgeführt worden war. Der Neubau sollte in Wahrheit der Beweis dafür sein, daß es nie einen Brand gegeben hatte.

Die Außenmauern waren noch da, das stand fest. Zunächst stellte sich keiner die Frage, warum sie nicht ebenso wie alles andere eingestürzt waren. Die Mauern waren aus Stein, das war ein Segen. Aber es war auch ein Rätsel. Wenn Holzbalken verbrannten, rissen sie in der Regel mindestens die eine oder andere Mauer, die sie zusammenhielten, mit sich. Im Falle des »Fenice« hatten alle vier Außenmauern den Brand überstanden. Es handelte sich aber nicht um ein Wunder, sondern um ein venezianisches Geheimnis.

Als in den darauffolgenden Tagen dieses venezianische Geheimnis von einem genauso eifrigen wie arglosen Architekten in der Zeitung gelüftet wurde, waren die Bewohner bestürzt. Der junge Fachmann wagte tatsächlich die Behauptung, daß im Jahr 1937 die faschistische Stadtregierung sämtliche Holzbalken des Theaters durch Stahlträger hatte ersetzen lassen, weil sie hoffnungslos verfault waren. Deshalb verstehe er das ganze Theater nicht. Es traf nicht zu, daß ein intakter zweihundertjähriger Bau in Flammen aufgegangen war. Der Leser möge sich vorstellen, verlangte der penetrante Mann weiter, was bei einer derartigen »Renovierung« überhaupt habe überleben können. Daß 1937 das ganze »Fenice« wiederaufgebaut worden war, sei eine unumstößliche Gewißheit. Das abgebrannte Theater war eine

Kopie. Das war unerhört. Mit seinem Zeitungsartikel maßte sich der Schreiberling an, das venezianische Selbstverständnis in Frage zu stellen. Das war Verrat. Die Reaktion darauf war für Venedig typisch. Man stellte sich dumm. Die Zeit würde den Aufwiegler Lügen strafen. Und bald danach waren sowohl die ominösen Stahlträger aus dem Jahre 1937 wie auch der Spielverderber vergessen.

»›La Fenice‹ so, wie es war, wieder aufzubauen, finde ich schade«, antwortete Renzo Piano kurz nach dem Brand auf die Frage eines Journalisten. »Das Theater war nicht besonders schön, und auch die Akustik ließ zu wünschen übrig.« Ein abgebranntes Theater, so, wie es war, zu bestellen, sagte der weltberühmte Architekt weiter, sei vom bautechnischen Gesichtspunkt her außerdem unsinnig. Die heutigen Baubestimmungen würden die Planer ohnehin dazu zwingen, sämtliche Proportionen zu verändern. Es wolle nur an die überbreiten Rohre der Klimaanlage erinnern, die für Großräume normiert sind und dicht unter die Decken gelegt werden müssen. Sie allein machten eine Senkung der Raumhöhe von einem halben Meter erforderlich. »Von den Feuerschutzbestimmungen gar nicht zu reden. Die Forderung ›so, wie es war‹ kann nur zu einer Mogelei führen.« Mit diesem kritischen Urteil reihte sich der Baumeister des neuen Potsdamer Platzes in Berlin in die Front derjenigen ein, die im Wiederaufbau des venezianischen Theaters eine einmalige Chance sahen, den Veränderungswillen der seit Jahrzehnten stagnierenden Stadt zum Ausdruck zu bringen. Es ist nicht anzunehmen, daß Renzo Piano sich durch seine öffentliche Aussage einen Bauauftrag erhaschen wollte. Auch wer seine Meinung teilte, hegte nicht die Absicht, mit einem in die Zukunft weisenden Theaterbau die Beseitigung des gewohnten idyllischen Stadtbildes einzuleiten. Anfang des Jahrhunderts hatten sich zuletzt die Futuristen Hochstraßen und Eisenbahnbrücken über dem Markusplatz gewünscht. Doch selbst sie waren sich vermutlich darüber im klaren gewesen, daß ihre rasenden Manifeste keinerlei Verwirklichungschancen hatten. Die venezianische Abwehrhaltung gegenüber moderner Baukunst ist dabei besonders in diesem ausgehenden Jahrhundert alles andere als erfolgreich gewesen. Im Zuge der Industrialisierung und des Tourismus sind bis in die fünfziger Jahre zahllose Wohnhäuser, Ämter und Hotelbauten in den einstigen Gärten entstanden. Die Fehlentscheidungen von Stadtvätern sind oft niederer Natur. Der Bahnhof aus der faschistischen Zeit ist ein exemplarischer Beitrag dieser stumpfen Bauwillkür. Sicherlich war es die Häßlichkeit dieser Bauten, die die Stadtregierung in den letzten Jahrzehnten dazu veranlaßt hat, keinen einzigen weiteren modernen Bau mehr zu erlauben. Daß sie mit dieser Entscheidung Venedig in eine Museumsstadt verwandelten, nahmen die Stadtherren wahrscheinlich in Kauf. Viele vorzügliche Bauvorhaben fielen dieser

Haltung zum Opfer. Ein Krankenhaus von Le Corbusier und etwa zur gleichen Zeit ein Wohnhaus von Frank Lloyd Wright, das ein abgebranntes Gebäude am Canal Grande ersetzen sollte, sind darunter die bedeutendsten. Dennoch ist der Kampf um moderne Bauten in Venedig bereits Jahrhunderte alt. Palladio hatten die Dogen verboten, am Rialto zu bauen, und der bahnbrechende Architekt aus dem 16. Jahrhundert mußte seine Kirchen auf der ferner liegenden Giudecca-Insel errichten.

Als die Stadträte den endgültigen Beschluß faßten, eine Replik des zerstörten »Fenice« in Auftrag zu geben, konnten sie sich also auf die Tradition berufen. Daraufhin herrschte Zufriedenheit in der untergehenden Stadt. Mut ist nicht die Tugend der Greise. »La Fenice« war kein Phönix mehr. Es war bloß einer der Schätze eines prekären, aber permanenten Ausstellungsgeländes. Also mußte eine Nachahmung den leer gewordenen Platz schnellstens wieder besetzen. Dem einen oder anderen war dabei sicherlich seltsam zumute.

## *VII. Ein gebrannter Vogel auf Wohnungssuche*

Die zuständigen Experten machten sich an die Arbeit und veröffentlichten die in solchen Fällen unvermeidliche Ausschreibung. Die Theaterleitung begab sich auf die Suche nach einer vorübergehenden Spielstätte. Der Anfang der Opernsaison stand bevor!

Es gab eine naheliegende Lösung. Sie bestand darin, das Malibran als Opernbühne zu verwenden. Das Theater aus dem 19. Jahrhundert befindet sich in der Stadtmitte und hat ungefähr die gleiche Größe wie das »Fenice«. Es war seit langem geschlossen. In den letzten Jahrzehnten war es nur gelegentlich für Konzerte benutzt worden. Zur Zeit des Brandes sollte es von Grund auf renoviert werden. Das Projekt des Architekten Antonio Foscari (die Foscaris sind eine der wichtigsten Familien Venedigs) war voll finanziert. Es handelte sich um eine Modernisierung. Das schöne Malibran, auch ein Teatro all'italiana, sollte durch einige geringfügige Reparaturen wieder zu einer geeigneten Opernbühne werden. Diese Bauarbeiten machten eine Verschiebung der Opernsaison erforderlich, die lediglich zwei Monate betragen hätte. Vielleicht wollte der Bürgermeister seinem Freund Foscari den Spaß an dem Theaterumbau nicht verderben. Sicher ist, daß er eine provisorische Lösung anstrebte. Der Wiederaufbau des »Fenice« sollte ja bloß ein Jahr dauern. Der Instandsetzung des Malibran zog der Bürgermeister die Errichtung eines Zeltes vor. Es sollte Pala Fenice heißen. »Pala« ist ein Neologismus, der aus der Abkürzung des englischen Wortes »Palace« entstanden ist. Es war ein wichtiger Name für ein Provisorium, aber er war riskant; denn Provisorien droht in Venedig die Gefahr, ewigen Bestand zu bekommen.

Die österreichischen Besatzer hatten an der Accademia eine Eisenbrücke über den Canal Grande geschlagen. Vor etwa hundert Jahren stellten die Ingenieure des städtischen Bauamtes fest, daß sie hoffnungslos verrostet war und ersetzt werden mußte. Damit die Venezianer während der Bauzeit einer neuen Eisenbrücke nicht auf die Überquerung des Canal Grande an der Accademia verzichten mußten, stellte man ein Provisorium aus Holz her. Die Holzbrücke lief parallel zur Eisenbrücke, die entfernt wurde. Die neue Brücke aus Eisen wurde nie gebaut. In den achtziger Jahren stellten die Stadtingenieure fest, daß Balken, Absätze und Trittbretter des Provisoriums verfault waren. Was tun? Inzwischen gehörte die Holzbrücke zum gewohnten Stadtbild. Die österreichische Brücke war vergessen. Die neue, endgültige Brücke sollte also mit dem Provisorium identisch sein. Wie so viele venezianische Geschichten scheint auch die der Brücke an der Accademia kein Ende zu haben. Das Bauholz war diesmal angeblich wetterfest. Es wurde mit den neuesten Mitteln behandelt, damit es der vorherrschenden venezianischen Feuchtigkeit widerstehen konnte. Vor etwa zwei Jahren stellte sich heraus, daß Treppenabsätze und Trittboden verfault waren. Es war kein Betrug. Es war, so sonderbar es für Nichtvenezianer klingen mag, menschliches Versagen. Auf die Frage nach der wetterfesten, also behandelten

Seite der Holzbretter hatte der Bauleiter den Zimmerleuten die falsche Antwort gegeben. Die Bauarbeiten sind kürzlich beendet worden. Ob diesmal sämtliche Baufehler beseitigt wurden, ist eine venezianisch offene Frage.

Die Farbe des Theaterzelts war weiß. Mir fiel ein, daß der Phönix letzten Endes auch nur ein weißer Rabe war. Da der Wiederaufbau des »Fenice« höchstens ein Jahr in Anspruch nehmen würde, kauften die Stadtväter das Zelt nicht, sondern sie mieteten es (auf drei Jahre verteilt wäre der Kaufpreis billiger als die Miete gewesen). Inzwischen hat die Stadtregierung vor, das Provisorium zu erwerben. Die Diskussion über den Ort, an dem das weiße Zelt aufgeschlagen werden sollte, erhitzte im Stadtrat die Gemüter. Fast hätte das Provisorium im Garten hinter Le Zitelle, der späteren Palladio-Kirche auf der Giudecca, seinen Platz gefunden. Die Lage war günstig. Das alte Nonnenkloster war gerade zum Kongreßzentrum umgebaut worden und verfügte über eine moderne Infrastruktur, die sich auch für den Theaterbetrieb eignete. Das Zelt dort aufzuschlagen wäre also eine sparsame Lösung gewesen. Büros und Toiletten waren im neuen Kongreßzentrum reichlich vorhanden. Quer durch den Garten des alten Klosters lief eine fünfzig Zentimeter hohe Mauer, die zwar nutzlos aber angeblich sehr alt war. Dieses Hindernis hätte man, um Platz für das Zelt zu schaffen, beseitigen müssen. Kein Mensch hatte die Existenz dieser niedrigen, bedeutungslosen

Gartenmauer jemals wahrgenommen. Die Grünen und die extremen Linken waren entrüstet. Mit der Entfernung dieses venezianischen Kulturgutes hätte man einen nicht wiedergutzumachenden Schaden angerichtet. Die Grünen sind ja in ganz Europa für solche Argumente bekannt. Doch wie kam es, daß die Linksextremen sich auf einmal so konservativ verhielten? Im Stadtrat war die Welt auf den Kopf gestellt, denn die Konservativen sprachen sich für die Beseitigung des Hindernisses im Klostergarten aus. Die Erklärung war einfach: Sie hieß Mestre.

*Mestre (Exkurs über eine arme Verwandte)*

Mestre ist die Satellitenstadt, die sich direkt am Rand der venezianischen Lagune auf dem Festland befindet. Venezia-Mestre gehört zu Venedig, aber es hat leider mit der Lagunenstadt wenig gemein. Die Teilstadt ist im Lauf des Jahrhunderts weitgehend willkürlich entstanden und zeichnet sich nur durch ihre Häßlichkeit und Bescheidenheit aus. Ein erster Städtebauplan ist vor knapp drei Jahren von der jetzigen Stadtregierung verabschiedet worden. Daß sich die Bewohner wie die armen Verwandten der wirklichen Venezianer vorkommen, ist nicht verwunderlich. Sie fühlen sich zu Recht von den Privilegierten an den Kanälen und auf den Campi verachtet. Natürlich handelt es sich dabei auch um ein Klassenproblem. In Mestre wohnen die Fabrikarbeiter der benachbarten Industrie und die ärmeren Venezianer, die mit den Jahren ihre Wohnungen den reichen Fremden räumen mußten, tagsüber aber weiterhin im alten Teil Venedigs tätig sind. Im Gegensatz zu Venedig ist die Teilstadt auf dem Festland immer größer geworden. Es wohnen in Mestre fünfmal so viele Venezianer wie im historischen Teil. Die Minderwertigkeitsgefühle der Leute von Mestre sind verständlich.

Eine witzige Geschichte, die in der Stadt kursiert, beschreibt diese benachteiligten Venezianer zutreffend. Ein Passagierschiff sinkt. Drei Herren retten sich in einem Boot: ein Texaner, ein Bochumer und ein Venezianer. Kein Land in Sicht. Durst, Hunger und Verzweiflung. »Schade, daß ich sterben soll«, sagt der Texaner. »Ich habe im Leben soviel erreicht. Was nützt es mir jetzt, eine Ranch in Texas mit fünfzigtausend Rindern zu besitzen?« »Mir geht es ähnlich«, sagt der Bochumer, »in meiner Nähmaschinenfabrik in Bochum arbeiten fünftausend Menschen.« »Mir geht es nicht anders«, meint der Venezianer, »in meinem Palazzo am Canal Grande in Venedig hängen Bilder von Tizian und Giorgione.« Ein Schiff erscheint am Horizont und entdeckt die Schiffbrüchigen. Das ist die Rettung. »Leider habe ich vorhin etwas übertrieben«, sagt der Texaner, »ich besitze nur einen Hof mit sechzehn Milchkühen.« »Ich muß euch auch gestehen«, sagt der Bochumer, »daß ich keine Nähmaschinen herstelle. Ich repariere sie bloß.« Auch der Venezianer will seine Aussage berichtigen und murmelt beschämt: »Und ich bin aus Mestre.«

Mestre hat bereits zweimal durch ein Plebiszit versucht, sich von Venedig zu trennen. Die Separatisten vom Festland könnten bei einer dritten Volksbefragung in der Mehrheit sein. Venedig würde im Fall der Trennung von Mestre seinen Status als Großstadt verlieren. Ämter, Verwaltungszentralen, Banken, Versicherungsgesellschaften und Gerichte müßten nach Mestre verlegt werden. Es fände eine Redimensionierung der finanziellen Zuwendungen durch die Zentralregierung statt. Venedig würde sich endgültig in ein großes Museum mit unzähligen Souvenirläden, in einen Schlaf- und Eßsaal für Fremde oder ein Rentnerparadies für bessere Leute verwandeln. Vielleicht wäre die Trennung von Mestre für Venedig der Untergang.

Um diesen separatistischen Neigungen entgegenzuwirken, unternimmt die Stadtregierung immer wieder Dezentralisierungsversuche. Hinter dem Kampf der Grünen und Linken um die Aufrechterhaltung der bescheidenen Gartenmauer am Kongreßzentrum Le Zitelle auf der Insel Giudecca steckt also wahrscheinlich die Absicht, das weiße Zelt des provisorischen »Fenice« den Festlandvenezianern ein Stück näher zu bringen. Den meisten Stadtratsmitgliedern muß dabei klar gewesen sein, daß es sich hauptsächlich um eine symbolische Dezentralisierungsmaßnahme handelte.

Sie brachten damit ihre Hoffnung zum Ausdruck, daß das Volk in die Oper gehen würde, wenn die Pala Fenice in seiner Nähe auf dem Festland stand. Denn es ist nicht anzunehmen, daß sie die Bequemlichkeit der musiktheaterliebenden Bürger aus den anderen Nachbarstädten besonders interessierte. Für einen waschechten Venezianer endet die Welt hinter Mestre. Der Bürgermeister schlug sich auf die Seite der Dezentralisierer. Der Stadtrat beschloß, das Zelt auf der künstlichen Insel Tronchetto aufzustellen, seitlich des großen Parkplatzes. Es war eine Kompromißlösung. Der Parkplatz befindet sich genau auf halbem Weg zwischen Venedig und Mestre.

In Venedig brach Empörung über diese angeblich salomonische Entscheidung aus. Viele Opernliebhaber schworen, das Zelt niemals zu betreten; für sie stellte es einen Affront dar. Die Parkplatzinsel ist für die Venezianer nur mit dem Boot zu erreichen. Doch auch musikalische Überlegungen spielten bei den Protesten des Opernpublikums eine Rolle. Bei gutem Wetter ist die Akkustik des Musikzeltes eher unerfreulich. Man hört den Flugzeuglärm vom nahen Flughafen. Wenn es aber stark regnet oder windig ist, muß der Orchesterdirigent die Aufführung unterbrechen. Dauert das Unwetter an, dann helfen Unterbrechungen nicht mehr, und die geduldigsten Theaterbesucher sehen sich gezwungen, lange an der Haltestelle auf das Boot zu warten, um den Nachhauseweg antreten zu können.

Kurz nach dem Brand aß der Bausenator bei mir zu Abend und erzählte mir vor der Ankunft der anderen Gäste eine Geschichte, die mir in Erinnerung geblieben ist. »Heute nachmittag«, sagte der Stadtpolitiker zu mir, »war ich beim Bürgermeister, um ihm meine Bedenken über gewisse Unklarheiten mitzuteilen, die ich in der Formulierung der Ausschreibung festgestellt habe. Ich hielt die Fehler für eine Folge der Eile, in der der Text verfaßt worden war. Ich äußerte ihm gegenüber meine Befürchtung, daß es deswegen zu juristischen Schwierigkeiten kommen könnte. Der Bürgermeister reagierte merkwürdig kurz angebunden auf meine Kritik am Ausschreibungstext. Die zuständigen Fachleute hätten die Unterlagen geprüft und sie völlig in Ordnung gefunden, meinte er. Falls jemand etwas daran auszusetzen hätte, könne er das ruhig tun. Ich solle daran denken, wie langsam die Gerichte bei uns arbeiten, ›La Fenice‹ würde längst wieder in Betrieb sein, wenn es schließlich zu einem Urteil käme.«

Beim Architektenwettbewerb ging der Sieger leer aus. Das ist bei Bauausschreibungen nicht ungewöhnlich. Die Stadt als Auftraggeberin war befugt, sich für eines der drei ersten Projekte zu entscheiden. Gae Aulenti und eine italienische Baufirma, die den zweiten Preis bekommen hatten, wurden mit dem Wiederaufbau des Theaters beauftragt. Aldo Rossi und ein holländisch-deutsches Bauunternehmen, die den dritten Platz erreichten, waren die großen Verlierer. Vermutlich wußten nur wenige, daß hinter der italienischen Baufirma und der Architektin Gae Aulenti der Fiat-Konzern steckte.

Die Polemik ließ nicht auf sich warten. In allen Zeitungen Europas stand, daß der venezianische Expertenausschuß Fiat unlauter begünstigt hätte. Man sprach über Ausübung von Druck seitens des italienischen Konzerns und auch von Schmiergeldern. Es wurde sogar eine genauere Hypothese formuliert: Der Auftrag zum Wiederaufbau des »Fenice« sei eine Art Wiedergutmachung an den Fiat-Konzern wegen der riesigen Summen, die das Unternehmen für das »Mose«-Projekt ausgegeben habe. Das gigantische Vorhaben zur Bekämpfung des Hochwassers wartet seit Jahren darauf, angenommen zu werden. Ob es jemals durchgeführt wird, ist wieder eine der vielen offenen venezianischen Fragen.

Die Mitglieder des Expertenausschusses verteidigten sich, so gut sie konnten, gegen die Vorwürfe. Der Präfekt äußerte öffentlich seine Empörung über die Unterstellung, der Professor für Geschichte der Architektur und Jugendfreund des Bürgermeisters ließ wissen, daß er im Ausschuß das Projekt von Aldo Rossi und den Deutschen befürwortet habe.

Der Streit ebbte schnell ab. Alles ging wie immer seinen venezianischen Weg. Die Architektin mietete eine Wohnung in Venedig, und die Baufirma umzäunte den künftigen Bauplatz mit einem weißen Plastiknetz. Zwei riesige, makellos weiße Baukräne schmückten fortan die Theaterruine. Noch arbeiteten sie nicht. An einer Ecke des kleinen Theaterplatzes stand den Besuchern der Ruine ein gepflegtes Auskunftsbüro zur Verfügung. Darin liefen Monitore, die den Schaulustigen unaufhörlich den Brand zeigten. Nichts schien der Wiedergeburt des Phönix im Wege zu stehen.

Die Rechtsanwälte der Philipp Holzmann AG beschritten den Rechtsweg. Sie legten gegen die Entscheidung des Expertenausschusses beim Verwaltungsgericht Berufung ein. Niemals würde ein italienisches Gericht gegen Fiat entscheiden. Das Benehmen der Deutschen bewies nur, was für schlechte Verlierer sie immer noch waren. Die Opernliebhaber rätselten über die Wiedereröffnungspremiere. Verdi oder Wagner? Beide Komponisten hatten im alten »Fenice« Uraufführungen gehabt. Endlich bewegten sich die weißen Baukräne. Sie sahen aus wie die weißen Flügel des Phönix.

Nach den Geldaffären und den darauffolgenden »sauberen Händen« wehte durch alle Gerichtssäle Italiens ein neuer Wind. Ein vorläufiger Entscheid des Verwaltungsgerichts befahl, den Bau zu stoppen. Es war kein endgültiges Urteil. Es bedeutete nur, daß Aldo Rossi und das holländisch-deutsche Bauunternehmen einen einleuchtenden Grund zu klagen hatten.

Inzwischen war Aldo Rossi verstorben. Das änderte jedoch nichts an der Verbissenheit seiner Anwälte. Sie hatten entdeckt, daß der Baupreis ihrer Firma nur deswegen höher lag, weil das italienische Bauunternehmen ein Seitengebäude des »Fenice«, in dem sich die Büros befanden, außer acht gelassen hatte, weil es kein Eigentum des Theaters war, sondern seit Jahrzehnten nur gemietet wurde. Ob dieses Gebäude zum Wiederaufbauprojekt gehörte, war in der Ausschreibung undeutlich formuliert. Aldo Rossi und seine Ingenieure hatten das Bürogebäude in ihr Projekt eingeschlossen. Es waren die Kosten dieser Renovierung, die den Gesamtpreis höher erscheinen ließen. Falls man die Instandsetzung der Büros aus dem holländisch-deutschen Projekt wegließ, stellte es sich heraus, daß ihr Angebot günstiger war als das der Italiener.

Die Venezianer begaben sich wieder auf die Suche nach einem Schuldigen. Das Gespräch mit dem Senator ging mir dabei nicht aus dem Sinn. Jeder Betroffene wusch seine Hände in Unschuld. Plötzlich hieß es, daß die Mitglieder des Expertenausschusses ungefähr hunderttausend Mark für ihre Mitarbeit bekommen hatten. Natürlich redeten viele von Korruption. Es war aber nicht auszuschließen, daß die Experten das Honorar als eine Art Förderung betrachteten und die Akte mit den Unterlagen einfach unberührt gelassen hatten.

Die Bauarbeiten standen still. Die alles überragenden, bewegungslosen weißen Kräne waren ein allzu sichtbarer Vorwurf, denn sie verursachten jeden Tag hohe Kosten. Das Urteil des Verwaltungsgerichts kam nicht und nicht.

Schließlich gab das Gericht den Klägern recht. Das Projekt von Aldo Rossi und den Deutschen sollte verwirklicht werden. Seitdem heißt es, daß der Bau demnächst beginnen soll. Fiat hat vor, auf Schadenersatz zu klagen. Noch bedenklicher ist vielleicht die Nachricht, daß sich jetzt der dritte Wettbewerbssieger zu Wort gemeldet hat. Auch er will nun klagen. In diesen Tagen lese ich in den Zeitungen, daß die Philipp Holzmann AG gähnend tief in den roten Zahlen steckt, falls der deutsche Staat nicht zur Sanierung beiträgt, ist die Baufirma bankrott. Das »Fenice« scheint immer noch zu brennen.

## *IX. Der Pechvogel und die Brandstifter*

Noch stand die Frage der wirklich Schuldigen offen. Die beiden Inhaber eines Elektrikerunternehmens hatten die Tat gestanden und saßen längst in Haft. Der Grund für ihr Verbrechen war, daß sie sich bei der Erfüllung ihres bescheidenen Auftrags in Verzug befanden. Sie hatten das Feuer in der Hoffnung gelegt, einer hohen Konventionalstrafe zu entgehen. Die armen Feuerteufel waren sicher selbst über das Ausmaß des Brandes überrascht. Sie konnten nicht wissen, daß die Zufahrtskanäle gesperrt waren. Die Staatsanwaltschaft gab sich mit diesem Geständnis nicht zufrieden, sondern ermittelte weiter gegen den Bürgermeister und den Intendanten wegen fahrlässiger Brandstiftung. Sie war dazu verpflichtet. Der Bürgermeister ist der Vorsitzende des Theateraufsichtsrats, und der Intendant ist der Hausherr. Vor einigen Wochen schlug die Nachricht ein, daß der Staatsanwalt Anklage gegen beide Amtsträger erhoben hat. Daß der Bürgermeister verurteilt wird, ist nach dem Gesetz sogar wahrscheinlich. Es versteht sich von selbst, daß er kein fahrlässiger Brandstifter ist, doch wer diese endlose Geschichte genau betrachtet, wird unweigerlich zu der Schlußfolgerung kommen, daß der erste Bürger der Stadt, was seine Kompetenz betrifft, nicht in einem besonders guten Licht dasteht.

### *X. Ein musikalischer Epilog*

Das Florian und das Quadri sind die beliebtesten Cafés auf dem Markusplatz. Sie liegen sich gegenüber. Das Florian hat verglaste Fresken an den Wänden, die an Wien denken lassen. Das Quadri ist im ersten Stock noch mit dem blutroten Brokat des Risorgimento dekoriert. Das ist irreführend, denn in den langen Jahren der österreichischen Besatzung trafen sich die Rebellen im Florian, während sich im italienisch anmutenden Quadri die Loyalen der Austria felix versammelten. Oder war es doch umgekehrt? Jedenfalls hatten beide Cafés eine wichtige Eigenschaft gemein: Seit Menschengedenken spielen ihre Musiker in unbeschreiblich befleckten Fracks die wahrscheinlich miserabelste Kaffeehausmusik der Welt. Sich die Walzer, Polkas, Boleros oder Tangos sowohl des einen wie auch des anderen anzuhören war dennoch vielen Fremden und Einheimischen ein fast kultisches Erlebnis. Musiker, die mit grenzenloser Gleichgültigkeit falsch spielen, können anheimelnd wirken. Sie lassen die Sehnsucht nach der Welt der Kindheit zu, in der jeder von uns noch ein Amateur war. Die musikalisch Gebildeten, zumindest die Pedanten unter ihnen, durften sich ihrerseits über jede falsche Note laut freuen. Ihren Ehefrauen und Kindern, Freunden und Bekannten waren die wiederholten tadelnden Rufe mit Sicherheit eine durchaus komische, aber auch wichtige Geduldsprobe.

Mit dem Fall der Berliner Mauer ging eine Welt zu Ende. Das ist unumstritten. Aber vielleicht wissen nur wenige, daß der Untergang der sozialistischen Regime auch einen tiefen Einschnitt im scheinbar unabänderlich schlechten venezianischen Musikleben verursachte. Die osteuropäischen Symphonieorchester lösten sich aus Geldmangel auf. Die vorzüglichsten Musiker gingen auf Arbeitssuche in den Westen. Ihre Ansprüche waren bescheiden. Für einen Bruchteil des Honorars der verbeamteten Falschspieler erklärten sie sich bereit, vor dem Quadri oder dem Florian auf dem Markusplatz zu musizieren. Ihre Fräcke waren vielleicht osteuropäisch dürftig geschnitten, aber dafür makellos rein.

Wer heute in Venedig gute Musik hören will, braucht nicht in das Zelt auf der Parkinsel zu fahren. Trotz des Feuerschocks ist das Orchester dort so schlecht wie immer. Es genügt, sich an einen der Tische der beiden Cafés auf dem Markusplatz zu setzen. Ein Wiener Walzer oder ein venezolanischer Bolero können wunderbar klingen, wenn sie von großen Künstlern gespielt werden. Ich rechne fest damit, daß die *maestri* bald auch Mahler oder Berio in ihr Repertoire aufnehmen werden.

## *Die Gärten Venedigs*

*Ein Intermezzo*

»Dieses ganze Wasser widert mich an. Ich habe das Rosa und Grau, Blau und Rot satt. Ich spüre das Verlangen nach trockener Erde und grünen Bäumen, Büschen und Blumen, kurz, nach einem Garten.«

Mit diesen Worten aus dem Jahr 1884 beginnt der Bericht des britischen Wahlvenezianers Frederic Eden über die Schwierigkeiten beim Gartenbau in Venedig. Das Grundstück auf der Insel Giudecca, das er erworben hatte, erstreckte sich über mehrere Tausend Quadratmeter. Von dem sagenhaften Garten, der in den Chroniken des 13. und 18. Jahrhunderts wiederholt erwähnt wird, war, als der Engländer sich an die Arbeit machte, keine Spur mehr zu sehen. Zerstörte Statuen lagen auf dem Boden, die Lustschlößchen, die bei so vielen Festen und Theaterabenden den Contarinis oder den Morosinis gedient hatten, waren nur noch Ruinen. Unkraut bedeckte den Boden. Die Arbeit an dem Garten von »Eden«, er trägt immer noch den Namen seines Erbauers, wurde für ihn zur Lebensaufgabe. Gärten werden nie fertig. Der Eden-Garten ist der größte, der in Venedig in privatem Besitz geblieben ist. Heute gehört er dem österreichischen Maler Friedensreich Hundertwasser und ist wieder verwahrlost.

Daß ein Fremder, der sich in dieser Stadt niederläßt, sich zunehmend nach grünem Gewächs und vielfarbigen Blumen sehnt, ist nicht verwunderlich. Grün ist in Venedig die Farbe der vermodernden Lagune oder der vermoosten Steine. Bunt sind nur die Kleider der tadellosen Besucher. Venedig ist eine steinerne Schönheit.

Die Venezianer sind längst keine Seeleute mehr. Selten besitzen sie ein Segelboot; die wenigen Angler, die nachts am Ufer der Zattere stehen, sind Rentner oder Arbeitslose. Jogging wird dem Rudern vorgezogen. Die lärmenden Motorboote der Jugendlichen werden lieber als Liebesnester genutzt als für Entdeckungsfahrten. Nichts an den Kleidern der Venezianer erinnert an die Zeit, als Venedig noch eine Seemacht war. Es fehlen sogar die Kapitäne. Beim Sonntagsspaziergang an den sonnigen Ufern oder auf den schattenlosen Plätzen sind keine blauen Mützen oder blauen Blazer mit vergoldeten Knöpfen, wie etwa in Hamburg, zu sehen. Das winterliche Straßenbild wird beherrscht vom jägergrünen österreichichen Lodenmantel. Venedig ist vermutlich der einzige Hafen der Welt ohne Hafenviertel. An den Landungsbrücken der Lagunenstadt gibt es keine Vergnügungslokale für Matrosen oder Fischkneipen. Das Meer hinter dem Lido dient den Venezianern ausschließlich als Schwimmbecken. Wahrscheinlich hält sie das Fehlen der Autos davon ab, Ausflüge ins Grüne zu machen. Die Zweitwohnungen der Bürger befinden sich in den benachbarten Bergen. Venedig lebt, so erstaunlich es ist, mit dem Rücken zum Meer.

Ein Gespräch über Bäume ist in Venedig eine eher zweideutige Angelegenheit. Der Garten von »Eden« ist da keine Ausnahme. Fast alle venezianischen Gärten befinden sich in einem trostlosen Zustand.

Daß es in Venedig nur wenige Gärten gibt, ist ein weit verbreiteter Irrtum. Bis zur zweiten Hälfte des vergangenen Jahrhunderts, als die Industrialisierung begann, besaßen die meisten venezianischen Paläste, Fabriken oder Wohnhäuser einen Garten. Er war nicht immer groß, denn das Wasser, wenn es nicht aus den Piscine, den Sammelbecken für Regenwasser oder aus den Brunnen kam, mußte mit Pferdewagen und Wasserbooten vom Festland geholt werden. Die Venezianer waren stolz auf ihre Gärten, die sie mit hohen Mauern umzäunten. Die Grünfläche, die sich hinter dem mit Steinen gepflasterten Hof und dem Hausbrunnen erstreckte, war ursprünglich dreigeteilt. Den Blumenbeeten waren die Heil- und Nutzpflanzen angeschlossen, dann folgten das Gemüse und die Obstbäume für den Hausgebrauch. Bis zum Anfang des 17. Jahrhunderts, als sich die Mode des Lustgartens langsam durchsetzte, waren die venezianischen Gärten hauptsächlich botanische Gärten. Venedig war noch das Tor zum Orient. Die Schiffe brachten von ihren fernen Reisen immer neue Pflanzenarten mit. Der Anbau von exotischen Blumen, aber auch die Erforschung der Lagunenflora stellten für die Bürger Venedigs nicht nur eine wichtige Einnahmequelle dar, sondern entwickelte sich offenbar auch zur Manie. Die wichtigsten arabischen und indischen Pflanzentraktate wurden übersetzt. Abends traf man sich unter der Pergola oder unter den Bäumen, um über botanische Neuigkeiten zu diskutieren. Das Zenakel des Apothekers Michiell im San-Trovaso-Viertel erlangte Mitte des 16. Jahrhunderts Weltberühmtheit. Wie später mit der Pracht ihrer Fassaden und Gondeln wetteiferten die Venezianer zu der Zeit untereinander mit ihren Gärten. Bis zum Ende des Jahrhunderts soll es in Venedig mehr botanische Gärten gegeben haben als in jeder anderen Stadt Europas. Es ist nicht auszuschließen, daß die hohen Mauern, die heute noch die Gärten umgeben und den Blick auf die Pflanzenpracht verbieten, nicht sosehr dem Schutz des Privatlebens galten, sondern dem der kostbarsten und geheimsten Pflanzen.

Als sich im 17. Jahrhundert die durch die Entdeckung Amerikas ausgelöste Dekadenz Venedigs bemerkbar machte und die Venezianer sich zunehmend der Landwirtschaft auf dem Festland widmen mußten, verloren die Gärten ihre wissenschaftliche und wirtschaftliche Bedeutung. Venedig war keine Weltmacht mehr, aber die Venezianer wurden dadurch nicht ärmer. Die Heilpflanzen verschwanden und mit ihnen die Gartengesellschaften, die sich mit botanischen Forschungen beschäftigt hatten. Die längliche Form des Gartens hinter dem Haus blieb. Sie war architektonisch bedingt. Jetzt war er nur noch zweigeteilt. Geometrisch geordnete Blumenbeete verdrängten den Obst- und Gemüsegarten immer mehr, bis er im 18. Jahrhundert völlig verschwand. Die meisten Bäume mußten stolzen Statuen den Platz räumen. Trotz des mangelnden Süßwassers wurden üppige Springbrunnen gebaut. Am Ende des Gartens, dort wo sich das Wassertor oder die Tür zur hinteren Gasse befand, gab es nun oft ein Casino, ein Lustschlößchen. Die hohen Mauern blieben. Sie wurden mit vielfarbigen Kletterrosen oder Nelken bepflanzt, oder man ließ sie sogar von berühmten Künstlern mit Fresken bemalen. Der Giardino all'italiana venezianischer Prägung lag nun etwas höher als der Hof mit den Brunnen. Zwei oder drei Stufen aus Stein trennten die beiden Teile. Der Grund dafür war das Hochwasser. Venedig begann, ins Meer zu sinken. Vielleicht verdeckte eine mit Blumen bedeckte Pergola aus Gußeisen einen Teil des Zentralganges, aber der venezianische Garten des *settecento* beabsichtigte nicht, den Gästen eine geordnete Landschaft vorzutäuschen, sondern er sollte ein Festsaal oder ein Theater unter freiem Himmel sein. Die Venezianer liebten das Theater. Die Stadt verfügte über hundert Theatersäle oder mehr und eine dementsprechende Anzahl von Schauspielern. Ein Gartenfest ohne Schauspiel war undenkbar. Die bestellten Schauspieler benutzten entweder den Hof oder die Bauten am Wassertor als Bühne. Die Gäste hielten sich auf den Gartenwegen auf. Während des Karnevals, also in der Winterzeit, fanden die Feste im ersten Stock des Palastes oder in den Räumen des Casino am Ende des Gartens statt. Nur die Darsteller spielten in der Kälte, während die Gäste das Theatergeschehen von den Fenstern aus verfolgten.

Die Romantik veränderte die Form aber auch den Geist des venezianischen Gartens wieder. Das Theatralische und Öffentliche fiel den Herzenswallungen und der Seelenwelt zum Opfer. Leidenschaftliche, todessehnsüchtige Liebende suchten nach einem Versteck. Sie sahen sich in einer Welt voller Geheimnisse wandern. Sie waren der Überzeugung, daß dunkle magische Kräfte sie beeinflußten. Das Schicksal wurde für sie zum zentralen Begriff und auch zur Obsession. Die Romantiker legten winzige Wäldchen und Hecken in den venezianischen Gärten an, die die streng geometrischen Perspektiven unterbrachen. Mit den Romantikern schlich sich der englische Garten in Venedig ein. Das Theater verlor an Terrain. Doch abgetragen wurde nichts. Es entstand ein harmonisch stilistisches Wirrwarr, ein *trop plein*, das für Venedig ohnehin charakteristisch ist. Leider kam mit den neuen Schatten auch die Feuchtigkeit wieder, verstärkt durch das immer häufiger werdende Phänomen des Hochwassers und der Vernachläßigung. Das Morbide, also der Verfall, wurde ein fester Bestandteil der venezianischen Gärten der Dekadenz. Der Verfall erwies sich aber auch als Gartenarchitekt. Die Seitengärten entstanden oft, weil das Nachbarhaus einstürzte, wie im Fall des Palazzo Tron und des Gartens neben dem Palazzo Barnabo oder San Martino.

Ich frage mich, ob Wagner in seiner Wohnung, im Mezzanin des Palazzo Vendramin Calergi, wohl an einem Fenster mit Gartenblick arbeitete. Sicherlich ließ sich Böcklin an der Lagune von einem venezianischen Garten inspirieren.

Der Wohnungsbau während der Industrialisierung versetzte Anfang dieses ausgehenden Jahrhunderts dem venezianischen Garten einen schweren Schlag. Die Stadt verfügte zwar jetzt über ein Wasserleitungsnetz, aber in die großen Gärten wurden Mietshäuser für die zunehmenden Fabrikarbeiter und Angestellten gebaut. Viele Paläste behielten nur den Hinterhof, höchstens einen Rumpfgarten. Sich heute in einem venezianischen Garten aufzuhalten, bedarf es eines stoischen Gemüts. Immer noch stehen die hohen Mauern, aber sie können die Gartengäste höchstens vor dem Blick der Passanten schützen. Zahllose Fenster blicken heute auf die übriggebliebenen Gärten. Die meisten Paläste sind im günstigsten Fall in Etagenwohnungen unterteilt worden. Die ehemaligen Palastbesitzer haben vielleicht die Beletage behalten, aber den Rest ihres Familienhauses vermietet oder verkauft. Um in ihren Gärten zu sitzen, müssen sie die inzwischen gemeinsame Treppe hinuntersteigen und den *androne,* die breite Eingangshalle, durchqueren. Vielleicht haben sie deswegen ihre Gärten dem Verfall preisgegeben.

Das deutsche Wort »Waldsterben« ist heute ein fester Begriff in allen Weltsprachen. Die spärlichen venezianischen Bäume fingen lange schon vor dem sauren Regen zu sterben an. Es ist ein beharrliches Sterben. Venedig sinkt vielleicht, aber die Natur in den venezianischen Gärten gibt nicht auf. Unweit von meinem Haus wächst aus einer Seitenmauer der *magazzini del sale* (der Salzlagerhäuser) aus einem Riß in vier Meter Höhe ein Feigenbaum. Ich sehe ihn seit zwanzig Jahren gedeihen. Keiner pflegt ihn. Die Erde an seinen Wurzeln hat ihm der Wind zugetragen. Die Luftfeuchtigkeit am Kanal reicht ihm offenbar. Zu Beginn des Sommers fallen die Feigen auf die Pflastersteine. Sie schmecken vorzüglich. Der Feigenbaum ist stark und gesund, eben weil er einsam aus einer Steinmauer wächst. Das venezianische Waldsterben findet nur in den Gärten statt. Dort wüten die Baumkrankheiten und die Bäume sind verlaust. Wie ehemals Frederic Eden verzweifeln heute auch die Furchtlosesten unter den gegenwärtigen venezianischen Gärtnern, denn die meisten ihrer Nachbarn ignorieren ihre kranken Bäume.

Venedigs Schönheit ist todessehnsüchtig. Seit Jahrhunderten stellen die Berichterstatter fest, daß die Gondeln trauern. Vielleicht sind auch die verlassenen Gärten ein fester Bestandteil dieser untergehenden Schönheit. Das

Waldsterben hinter hohen Mauern in einer verschwindenden Stadt eignet sich gewiß als Allegorie einer gemütlich langsamen Apokalypse.

Man spricht von den »geheimen Gärten«, von den »magischen« oder den »verbotenen Gärten«. Der Anblick einer gesichtslosen Statue, die auf Unkraut liegt, kann anmutig wirken; ein sterbender Baum in einer Ruinenlandschaft ergibt ein bedeutungsvolles Fotomotiv; ein Film über das Einsickern des Hochwassers in einen nebeligen Garten dürfte sicherlich auf einen Preis bei einem Kurzfilmfestival hoffen. Bilder stinken nicht. Ratten lassen sich tagsüber selten sehen. Es könnte durchaus sein, daß ein gesunder Garten unter der Sonne irritierend unvenezianisch wirkt.

Es gibt in Venedig jedoch auch tadellos gepflegte Gärten. Für mich sind sie meist nicht geheim, denn sie gehören Bekannten. Sich an die ständige Kontrolle aus den Fenstern und an die Gespräche von Haus zu Haus über den Kopf der im Garten Weilenden hinweg zu gewöhnen ist eine Frage der Geisteshaltung. Die Gärten gesund zu halten ist nicht nur aufgrund der wütenden Baumkrankheiten und des Hochwassers eine Lebensaufgabe. Der totale Mangel an Gartenkultur liegt auch darin begründet, daß sogar die Erde mit Lastwagen und Booten vom Festland hergebracht werden muß, weil der versalzene Boden zum Bepflanzen unbrauchbar ist. Deshalb haben viele Venezianer beschlossen, hängende Gärten zu bauen. Die Vorteile sind eindeutig: Auf Terrassen ist die Gefahr des Hochwassers nicht vorhanden; die Bodenfeuchtigkeit abends ist in einem Garten manchmal so groß, daß die Hosen bis zum Knie naß werden; auf den Dächern ist man vor fremden Blicken geschützt, dort oben gibt es auch keine Ratten. Aus den zwei oder drei Stufen, die den venezianischen Garten vom Hinterhof trennten, sind nun hundert geworden. Der venezianische Garten war ohnehin nie eine Landschaft, sondern eher ein angepflanzter Saal unter freiem Himmel. Ich kenne viele dieser hängenden Gärten. Wie der Feigenbaum im Mauerriß sind die Bäume auf den Dächern gesund. Inzwischen gibt es venezianische Terrassen, deren Größe sich durchaus mit den Gärten vergleichen läßt. In Venedig sind sie die Zukunft.

Auch was die Gärten betrifft, gibt es natürlich Privilegierte. Der Garten von Stefano und Antonella Del Re ist von ihrem Wohnzimmer aus erreichbar und verfügt über einen tadellosen Rasen. Der unvergleichbare Garten der Sacerdotes und Giovanni Volpis Blumenwiese auf der Guidecca verfügen sogar über ein großes Wasserbecken. Ihr Vorteil besteht darin, daß die Häuser, die dazu gehören, keine Paläste, sondern Einfamilienhäuser sind. Dem Grafen Volpi gehören auch die Mietshäuser, die seine Villa umgeben. Diese läßt er leerstehen.

Die größten Gärten Venedigs sind, wie so oft in Italien, Eigentum der Kirche. Die Kapuziner vom Redentore-Kloster haben aus ihrem Garten einen Acker gemacht.

Einer kompetenten Stadtverwaltung dürfte es nicht sonderlich schwerfallen, dem venezianischen Waldsterben ein Ende zu setzen. Es würde genügen, daß der Stadtrat eine Anordnung beschließt, die Garteninhaber innerhalb einer gewissen Frist dazu zwingt, ihre Gärten instand zu setzen. Die Strafe für den Fall, daß sie ihren Gärtnerpflichten nicht nachkommen sollten, wäre zwar nicht die Enteignung, aber sie käme ihr gleich, denn dann würde die Stadtverwaltung sämtliche Mauern der verwilderten Gärten abreißen oder sie zumindest von der Straße aus betretbar machen, sie selbst pflegen und zu öffentlichen Gärten erklären.

Die Zahl der versteckten oder geheimen Gärten, die für den Besucher der Stadt nur durch den neugierigen Blick von einer Brücke oder durch ein halb geöffnetes Tor zu erahnen sind und so den Traum eines verbotenen Eden in ihnen erwecken, würde sich auf diese Weise um einiges verringern. Dann wäre in Venedig auch ein Gespräch unter Bäumen möglich.

## *Der Totentanz in Venedig*

*I. Willkommen im Provinznest!*

In den späten siebziger Jahren war in Venedig vom sagenumwobenen venezianischen Karneval nur noch eine vage Sehnsucht nach jenen entfesselten magischen Freudentagen vorhanden. Zwar standen in der Woche vor Aschermittwoch jahrein, jahraus vereinzelte maskierte venezianische Höflinge aus dem 18. Jahrhundert elegisch auf einer beliebigen Brücke oder irgendeinem Platz und ließen sich von spärlichen Touristen fotografieren, doch sie tanzten nicht. Sie machten kein Theater. Sie sahen aus, als wären sie in Stein gehauen. Den Karnevalsdenkmälern, die in aller Wahrscheinlichkeit extra für diesen Auftritt angereist waren, gelang es nicht im entferntesten, Venedig in eine festliche Stimmung zu versetzen. Ihre geheimnisvolle Stille unterstrich nur die stadteigene winterliche Tristesse. Es war, als wollten die Maskierten Überlebende einer glanzvollen, glücklichen Zeit darstellen. Sie hielten die Stellung, damit die Legende des venezianischen Karnevals nicht aus der Lagunenstadt verschwand. Sie verkörperten die Enttäuschung: Sie waren Mahnmale des Untergangs. Hätte ich nicht gelegentlich morgens einen Herrn mit Dreispitz, aber mit Aktentasche am Tresen einer Eckbar seinen Capuccino trinken sehen oder eine Postbeamtin, die maskiert an ihrem Schalter Briefmarken verkaufte, wäre ich bereit gewesen zu schwören, daß während des Karnevals kein erwachsener Venezianer im Kostüm auf die Straße ging.

Zum Karneval zeigte Venedig sein wahres Gesicht. Die Stadt ruhte sich aus. Viele Hotels und Museen waren geschlossen. Wer es sich leisten konnte, fuhr in die Berge oder in die Sonne. Sonst blieben die Venezianer unter sich. Sie hatten Feierabend. Schönheit braucht Zeugen, und diese blieben dem winterlichen Venedig fern. Während des Karnevals waren Calli und Campi ein riesiger Kinderspielplatz.

Wie in jeder anderen Stadt hielt sich die Phantasie der Kinderkostüme in Grenzen. Die Auswahlmöglichkeiten waren auch in Venedig vom Kaufhausangebot bestimmt. Die Kleineren liefen als »Zorro«, »Batman« oder »Superman« verkleidet um ihre geduldigen Mütter herum. Schon damals war das Fernsehen überall die Hauptquelle der Inspiration. Deswegen kamen ebenfalls schwer bewaffnete »Marines« um die Ecke, und Astronauten im Taucheranzug samt »Skaphander« und »Moonboots« traten aus den Haustüren. Oft ließ der Nebel die Fassaden verschwinden und verlieh den kleinen Karnevalisten eine geheimnisvolle Aura, in der ihre Traumspiele glaubwürdig wurden.

Die Kinder im Schulalter drückten ihre Narrenfreiheit leider anders aus. Sie trugen keine Kostüme und auch keine Masken. Sie traten in Banden auf und bewarfen die Passanten mit

Mehl. Vielleicht wollten sie den Erwachsenen, die das Pech hatten, ihnen zu begegnen, mit dem Mehl eine Maske für Spielverderber verpassen, die Maske des bösen weißen Clowns.

Es gab auch in jenen ruhigen Tagen Karnevalsfeste in Venedig. Die Girlanden an den Decken, die bunten Hütchen und die Masken hätten zur Karnevalszeit in jedem beliebigen Papiergeschäft der Welt gekauft worden sein können. Professoren gaben wie zu meiner Studienzeit in Berlin vor, die vertrautesten Studenten nicht zu erkennen, das gewohnte Huhn aller dürftigen Partys verlor auch in Venedig nichts von seiner Zähigkeit. Wegen der Feuchtigkeit waren die Salzstangen und Kekse an der Lagune immer weich. Willkommen im Provinznest!

Ich habe nie verstanden, warum man sich im intimsten Freundeskreis verkleiden sollte. Masken konnten vielleicht bei flüchtigen Liebesbegegnungen oder unter wildfremden Menschen behilflich sein; selbst nachts sollten die Paare ihre Charaktermasken lieber nicht abnehmen. Ich hörte, daß es auch ganz andere, bessere Karnevalsfeste gab. Sie fanden in den Salons der großen Paläste am Canal Grande statt. Es hieß, selbst die Gastgeber reisten aus der ganzen Welt mit Kostümen und Masken im Gepäck zu ihren eigenen Karnevalsfesten an. Ich war noch neu an der Lagune und konnte die hell erleuchteten Räume dieser angeblichen venezianischen Sonntagskinder nur vom *vaporetto* aus beobachten. Das scheinbar märchenhafte Leben der Weltvenezianer kannte ich noch nicht. Spätestens zwei Tage nach Aschermittwoch war es an den Ufern des großen Kanals wieder winterlich dunkel.

Als ein befreundeter Regisseur, der dabei war, »Der Kaufmann von Venedig« am Kölner Theater zu inszenieren, mich darum bat, ihm venezianische Masken für das Fest im letzten Akt zu besorgen, entdeckte ich, daß es in ganz Venedig kein einziges Maskengeschäft gab. Außer am »Fenice«-Theater war niemand in der Lage, die Masken von Arlecchino, Colombina oder Pantalon herzustellen. Mir blieb also nichts anderes übrig, als mich an einen der Theatermaler zu wenden. Die Höhe seiner Rechnung versetzte die Kölner Theaterverwaltung verständlicherweise in Rage. Die eigenen Theaterwerkstätten hätten die venezianischen Masken für weniger als ein Viertel des Betrags bemalen können.

## *II. Der Karneval in den Zeiten der Pest*

Es war viel verlorengegangen, fast alles. Ich suchte nach dem Grund, aus dem der venezianische Karneval sich anscheinend endgültig in den Winterschlaf begeben hatte. Ich erfuhr, daß das Volksfest ausgerechnet in den Jahren der großen europäischen Pest seinen Höhepunkt erreicht hatte. Mitte des 17. Jahrhunderts war die Hälfte der Bewohner von London, Paris und auch Venedig an der bubonischen Seuche gestorben. Die Pest wütete länger als vier Jahre und schließlich nach einer Pause nochmals mehrere Jahre. Die Regierung der Republik stellte kurz nach dem Ausbruch der Pest fest, daß eine weitere Gefahr drohte, mit der sie nicht gerechnet hatte: Die fremden Geschäftsleute mieden wegen der Ansteckungsgefahr Venedig. Die Pest gefährdete die ökonomische Zukunft der Handelsmetropole. Der Doge fand sich nicht damit ab, einfach zuzusehen, wie die Leichen nachts aus den Häusern getragen wurden, um sie auf Scheiterhaufen zu verbrennen. Der Stadtbevölkerung blieb kein anderer Ausweg, als damit zu leben. Die Ärzte waren der Seuche gegenüber völlig hilflos. Der Tod saß an jedem Familientisch. Aber die fremden Händler sollten trotzdem weiter nach Venedig kommen; ihre vollgeladenen Schiffe durften dem Hafen nicht fernbleiben. Der Rialto konnte es sich nicht leisten, auf die Waren aus aller Welt zu verzichten. Es war wichtig, daß die Seeleute an Land gingen und ihren Sold in den Vergnügungsvierteln ließen. Venedig drohte sonst der Untergang.

Der Große Rat tagte im Dogenpalast und fand keine Lösung für das brennende Problem. Das pestkranke Venedig sollte gesund aussehen. Doch wie konnte man die Seuche vor den Fremden verstecken? Ob es die Regierung war, die den Ärzten nahelegte, jene unwahrscheinliche Behauptung aufzustellen, daß die schlechte Luft, die *mal aria* an der Übertragung der Krankheit schuld war, ist unergründbar.

Nachts sei die Luft rein. Sie mache gegen die Seuche immun. Es war also unerläßlich, sich abends auf den großen Plätzen aufzuhalten. Ob die Bevölkerung an die heilenden Kräfte der Abendluft glaubte, ist zweifelhaft. Die Venezianer sind ein skeptisches Volk. Zu Hause wütete die Krankheit ungehindert weiter, auch wenn die Familien draußen in der Nacht Wache hielten. Jedoch machten die Abendversammlungen und die vollen Gondeln alles in allem einen heiteren Eindruck. Ja, vielleicht sah Venedig abends sogar gesund aus. Vermutlich bildeten sich die Arglosesten ein, daß der Tod, der in ihrer Küche seßhaft geworden war, sich langweilen könnte, falls keiner ihm abends Gesellschaft leistete. In der Sommerhitze schien das Rezept der venezianischen Ärzte zu wirken. Noch heute pflegen die älteren Bürger nach einem heißen Abend mit dem *vaporetto* auf dem Canal Grande zu fahren, um im Fahrtwind die Atemwege zu befreien und der verschwitzten Haut Kühlung zu verschaffen.

Im Winter jedoch sah das alles anders aus. Draußen in der Kälte herumzustehen, fanden nur wenige gesund. In der kalten Nachtluft ging es den leicht Erkrankten noch schlechter. Die wenigen Fremden, die auch während des Winters eine Geschäftsreise nach Venedig wagten, sahen die zitternden Gestalten und ergriffen so schnell sie konnten die Flucht. Die Nachtluft war keine Lösung für das Problem des Dogen. Der Große Rat wunderte sich, daß sie ihm nicht schon früher eingefallen war. Die Lösung war der Karneval.

Die Kirche hatte diese heidnische Feier toleriert, damit die Gläubigen die darauffolgende lange, strenge Fastenzeit akzeptierten. »Carne« heißt auf deutsch »Fleisch«, »vale« bedeutet »gelten«. Es gilt dem Fleisch. Ich weiß nicht, ob diese Auslegung ethymologisch zutrifft. Doch sie scheint mir logisch. Mit den Freuden des Geistes hat der Karneval ziemlich wenig zu tun.

»Tanze, trinke, liebe, denn morgen sollst du sterben.« Die alte Losung stimmte für einen Karneval in der pestkranken Stadt auf den Punkt genau. Der Große Rat im Dogenpalast beschloß, den Karneval zu verherrlichen. Er sollte sich fortan über den ganzen Winter erstrecken. Der venezianische Karneval begann am 26. Dezember, am zweiten Weihnachtsfeiertag. Es handelte sich um einen Befehl. Die Venezianer merken zu lassen, daß der Karneval Ausdruck einer folgenschweren politischen Absicht war, die nur wenig mit der Volksbelustigung zu tun hatte, wäre nicht vernünftig gewesen. Es war auch nicht ratsam, den Zwang zum Feiern spürbar zu machen. Deswegen trug bereits der Dogenbefehl ein Karnevalskostüm. In der Bekanntmachung wurde der Feierzwang zur Erlaubnis. Der Doge gab darin seinen Untertanen das Recht, vom Tag nach Christi Geburt an für die ganze Dauer des Karnevals eine Maske zu tragen.

Ein Würdenträger erschien grotesk angezogen auf dem Markusplatz und machte sich vor dem versammelten Volk lächerlich. Die Venezianer überschütteten den Vertreter ihres Dogen mit wüsten Beschimpfungen. Sie rempelten ihn an und spielten Ball mit ihm. So fing der Karneval an. Es war das Zeichen für die totale Entfesselung. Jeder trug eine Maske. Die Mutter war maskiert und auch das Kind, das sie an der Hand hielt. Der Greis verjüngte sich, der Pestkranke besorgte sich eine makellose Gesichtshaut. Erwünscht war die vollkommene Verwirrung. Die Mägde glänzten in den goldbestickten Kleidern ihrer Herrinnen. Die edlen Herren benahmen sich wie Schurken. Der Mohr sah blaß aus, die Nonne trug einen großen Busen zur Schau. Der Tod, der hoffentlich beim Nachbarn schlief, machte sowieso alle Menschen gleich. Die Tugend blieb zu Hause, denn sie war sterbenskrank. Die Freudenschreie übertönten das Winseln der Bettlägrigen. Jung und alt berauschte sich bis zur Besinnungslosigkeit. Die unschicklichsten Paare brauchten kein Versteck mehr zu suchen. Pfaffen gingen mit Teufeln Hand in Hand. Feinde fielen sich gierig in die Arme.

Die Freude war ein Befehl, aber der Doge sparte nicht an der Inszenierung. Die Stadt, die seit jeher ein Blendwerk war, sollte auch Volksglück vortäuschen. Straßenzüge von jungen Schäferinnen und Schäfern verteilten Süßigkeiten und Blumen. Boots- und Pferderennen wetteiferten um die Aufmerksamkeit der Karnevalisten. Auf dem Markusplatz glitt ein Seiltänzer langsam vom Glockenturm und warf auf die Versammelten Goldmünzen herab. An anderen Orten ließ man Hunde mit einem Geldbeutel um den Hals dicht über die Köpfe der Tanzenden schweben. Sie fingen an zu springen und nahmen die Hundebisse in Kauf. Auf dem Campo San Polo fanden Stierkämpfe statt. Alles war Theater. Aber an jeder Ecke entstanden auch Marionettenbühnen. Gaukler brachten den Kindern ihre Spiele bei. Tänzer und Sänger animierten die Zaghaften zum Mitmachen. Es war das totale Theater. Von den Booten wurden Feuerbälle und Leuchtraketen in den Himmel geschossen. Auf den Plätzen setzten Feuerteufel überlebensgroße Strohpuppen in Brand. Feuerwerke gab es überall. Das Feuer diente nicht so sehr dazu, die winterliche Nacht zu erhellen, vielmehr wollte man damit die brennenden Scheiterhaufen kaschieren. Der Himmel über Venedig war ohnehin schon feuerrot. In diesem Licht betrachtet, trugen selbst die brennenden Pestopfer zur festlichen Stimmung der großen Täuschung bei.

Am letzten Tag des Karnevals feierte der Doge auf dem Markusplatz seinen Triumph. Er hatte jeden Grund, zufrieden zu sein. Die Pest verließ zwar noch lange nicht die Republik, aber selbst in den anderen von der Pest befallenen Ländern Europas sprach sich die einmalige Heiterkeit des venezianischen Karnevals wie ein Lauffeuer herum. Die Händler kamen wieder in Strömen. Den Sieg über die schreckliche Seuche feierten sie mit. Die Lebensfreude der Venezianer verriet eine ansteckende Gesundheit. Der Tod blieb in den Häusern verkrochen. Wie überall sonst in Europa starb es sich auch in Venedig noch lange Jahre zu leicht. Aber das Geschäftsleben an der Lagune blühte wieder auf. Der Karneval hatte die Venezianer davon überzeugt, daß sie gesund waren. Der Große Rat im Dogenpalast beschloß, den Tod mit wiederholten Volksfesten, die sich über das ganze Jahr erstreckten, weiterhin zu leugnen. Am Donnerstag gingen die Venezianer noch mit der Asche in den Haaren, aber bald schon wieder mit der Maske vor dem Gesicht an den Zattere spazieren. Eine Woche danach wurde auf dem Campo San Lucca wieder eine überlebensgroße Puppe verbrannt. La Vecchia, »die Alte«, die vor den maskierten Karnevalisten als Bildnis in Flammen aufging, konnte ihrem virtuellen Flammentod beiwohnen, denn sie war die Besitzerin der Apotheke an der Ecke des Platzes. Lebende Bürger symbolisch zu verbrennen wurde in Venedig zur Tradition. Das Tragen einer Maske zu jedem denkbaren Anlaß veränderte endgültig den Charakter der Venezianer.

Die Pest zog endlich weiter. Es waren die Ratten, die Venedig von der Seuche befreiten. Das hört sich sonderbar an, ich gebe es zu. Nach vielen Jahren stellte sich heraus, daß die Mäuse die wichtigsten Krankheitsträger gewesen waren, und die Ratten hatten sämtliche Mäuse aufgefressen. Diese oft mißverstandenen Tiere, die versteckt in den Wäldern aus

Pfeilern leben, auf denen Venedig gebaut ist, und der Karneval haben Venedig vor dem Untergang gerettet.

Der Doge beauftragte den größten Architekten des Barock mit dem Bau einer Votivkirche. Santa Maria della Salute, die heilige Jungfrau der Gesundheit, entstand an einem der Orte, an denen die Pesttoten zu Haufen gestapelt gelegen hatten. Als die Kirche fertiggestellt war, war der große Longhena längst an Altersschwäche gestorben. Der Bau hat sechzig Jahre gedauert. Die Gesundheit änderte am Karneval nichts, denn den Herren Venedigs war endgültig klar geworden, daß eine Stadt erst dann wirklich gesund ist, wenn sie gesund aussieht.

## *III. Der vertraute Untergang*

Kehren wir in die Zeit der fetten Achtziger zurück. Die Stadt war nicht gesund. Sie sank und drohte jedes Jahr aufs neue im Winter zu verschwinden. Sie sah auch nicht gesund aus. Venedig stand bedenklich ungeschminkt da. Sämtliche Masken waren der Lagunenstadt weggeschwommen. Nur vom Wasser aus gelang es dem verwitterten Blendwerk, an sonnigen Tagen heiter und vielleicht auch gesund auszusehen. Wie ihre schwarzen Gondeln schien nun die ganze Stadt Trauer zu tragen. Die Wassertore zum Kanal vermoderten. Bei Regen und Sturm fiel der Putz von den Fassaden. Bei Ebbe wurden die unterhöhlten Fundamente der Häuser sichtbar. Die Gassen waren voller Löcher, die Gärten blieben verlassen. Wer das *vaporetto* nahm, um nachts auf dem Großen Kanal zu fahren, reiste in die Finsternis. Die Weltvenezianer kamen nur noch im September oder vielleicht auch im Frühling. Sonst blieben ihre Paläste am Canal Grande geschlossen. Vor einiger Zeit schrieb ein namhafter russischer Schriftsteller schwärmerisch über das Blau der Lagune. Sicherlich hatte er noch die Ostsee im Kopf. Denn die venezianische Lagune sieht nicht blau aus. Das Wasser kann graugelb, grüngelb sein, fäulnisgrün, aber nie blau. Zu jener Zeit war die Lagune auch verseucht. Schuld daran waren weder die Exkremente noch die Ratten, obwohl sie sich fleißig vermehrten. Ebbe und Flut wechseln das Wasser in der Lagune zweimal am Tag aus. Die chemische Industrie in Marghera, am Ufer der Lagune, vergiftete das Wasser. Die Fische starben weitgehend aus. Die übrig gebliebenen Fische zu verspeisen wäre lebensgefährlich gewesen. Auch die Luft war verpestet. Die Schornsteine der Chemiefabriken besaßen keine adäquaten Filter. Zehnjährige Kinder hatten die Raucherlungen von fünfzigjährigen Kettenrauchern. Von Zeit zu Zeit stand in der Zeitung, daß eine geheimnisvolle gelbe Wolke über der Stadt schwebte. Die Gewerkschaft lehnte den Bau eines großen Krankenhauses in Mestre ab. Die Haltung der Arbeiter war einleuchtend. Der Krankenhausbau war ein Angebot der Manager der chemischen Industrie. Es war eben billiger, die an Krebs Erkrankten zu pflegen, als die unerläßlichen Filter einzubauen. Unmittelbar neben den Häusern der Arbeiter auf der Insel Sacca Fisola rauchte der Schornstein der Müllverbrennungsanlage. Es war bereits bekannt, daß die Verbrennung von Plastikmüll die Luft mit Dioxin verseucht.

Das »Fenice«, das auch vom Budget her als drittwichtigstes Operntheater Italiens galt, verfügte vermutlich über eines der miserabelsten Orchester in der Welt; es brachte die Gastdirigenten zur Verzweiflung. Das Honorar jedoch stimmte. Die Orchestermitglieder widmeten sich lieber ihren Musikläden oder Unterrichtsstunden als dem Studium der Partituren. Das Ballettensemble bestand aus Tänzern, die fast genauso fettleibig waren wie die Tenöre und Sopranistinnen, die auf der Bühne ihr Bestes gaben. Schuld daran war die Unkündbarkeit.

Das Goldoni-Theater stand seit Jahrzehnten schon im Bau. Das Projekt stammte aus den dreißiger Jahren und war schon damals als dürftig und veraltet kritisiert worden. In den Kinos ächzten die Vorführgeräte. Die Bestuhlung war meist noch aus Holz. Abends gehörte die Stadt den Katzen. Sie lagen breit mitten auf menschenleeren Gassen.

Seit vielen Jahren waren die Reize Venedigs andere geworden. Die untergehende Stadt war das Weltwunder der Dekadenz. Die Touristen fühlten sich eher von der freundlichen, gemütlich melancholischen Stimmung, die Venedig ausstrahlte, angezogen als von den Schätzen der Museen. Sie war die Stadt der Liebenden geblieben. Und wir wissen, wie glücklich eine sanfte, einlullend neblige, traurige Schönheit verliebte Paare stimmen kann. Der Verfall war stabil. Er alterte nicht. Die Venedigreisenden durften sich für die Dauer ihres Aufenthalts unsterblich vorkommen. Der Friedhof auf der Insel San Michele war ein beliebtes Ziel auf der Hochzeitsreise. Es herrschte Ruhe in Venedig. So ließ es sich zwar weiterleben, aber es konnte so nicht weitergehen. Es stellte sich heraus, daß Venedig nicht lebensfähig war. Die Lagune mußte freigeräumt, die Häuserfundamente saniert, das Hochwasser bekämpft werden. Die Stadt brauchte sowohl eine neue Infrastruktur wie auch eine neue wirtschaftliche Basis. Vor allem brauchte sie eine neue Idee. Der Tourismus allein konnte die Stadt nicht am Leben erhalten.

Die alten und neuen Herren klagten seit Jahrzehnten über die brisante Lage. Aber sie rührten sich nicht. Venedig war für sie nur noch eine unverzichtbare, vorzügliche Wohngegend. »Room at the top.« Die Fabriken und Handelsunternehmen der besseren Leute standen auf dem Festland. Die Anwälte und Richter fühlten sich nicht gefährdet. Die kurzen Fußwege ins Gericht gehörten zu den Privilegien, die in Venedig unumstößlich waren. Die Gutsbesitzer verließen jeden Nachmittag ihre Ländereien, um mit dem Linienboot bescheiden und sparsam in ihre Wohnungen an den Kanälen zurückzukehren. Die berühmten Architekten hielten sich höchstens zwei Wochentage in der Stadt auf, um ihre Seminare an der Hochschule für Architektur zu leiten. Die Weltvenezianer vermieteten oder verkauften ihre Paläste ein Stück nach dem anderen, weil sie sich ohnehin immer seltener in ihrer Geburtsstadt blicken ließen. Die reichen Künstler und die tadellosen Rentner, ja die reichen Rentner und die alten Künstler gingen weiterhin unbeirrt mit ihrer kurzen Zukunft in ihrem historisch würdevollen, unvergleichlich aggressionslosen, kurz paradiesischem Altersheim spazieren. Eine Idee für Venedig von den neuen oder älteren Herren zu verlangen war vertane Mühe.

## *IV. Ein rettender Einfall für den venezianischen Winter*

Es waren die berechnenden Hotelbesitzer, die ungeduldigen Gastronomen, die emsigen Reiseveranstalter, die plötzlich eine Idee hatten. Sie war einfach und hieß, den Karneval von Venedig wiederauferstehen zu lassen. Ihr Anliegen war im Vergleich zu dem des Dogen und des Großen Rats bescheiden. Ihnen ging es nicht darum, die Stadt zu retten, sondern zunächst nur sich selbst. Ihr Geschäft mußte ja nicht unbedingt saisonbedingt sein. Vielleicht war es doch möglich, die Fensterläden ihrer Hotelzimmer auch im Winter geöffnet zu halten, die Stühle in ihren Speisezimmern während der kälteren Monate warm zu halten, ihre

Fahrzeuge trotz des Nebels voll mit Fremden beladen nach Venedig zu chauffieren. Ob die Stadtbewohner wie zu den Zeiten der Pest mitmachen würden, das war die Frage. Die modernen Unternehmer waren nicht berechtigt, einen Maskenzwang zu verkünden, selbst dann nicht, wenn er als Erlaubnis verkleidet gewesen wäre. Mit dem ständig drohenden Untergang kamen die Venezianer inzwischen erstaunlich gut zurecht. Als Ganzes stellten sie einen äußerst interessanten Fall kollektiv-depressiven Denkens dar. Im Gegensatz zu den Einwohnern anderer Städte, die aggressionsgeladen oder einfach hoffnungslos frustriert ihren Lebensunterhalt bestritten, waren die Einwohner der Lagunenstadt zwar deprimiert, aber sie waren trotz ihre unaufhörlichen Klagen gleichzeitig glücklich.

Die Überzeugung, daß der Grund für diese Einmaligkeit am beruhigenden Einfluß des Wassers lag, war in den Köpfen der Einheimischen tief verankert. Selbst ihre Klagen hörten sich wie Litaneien an. Selbstmord begingen in Venedig nur die Fremden, das stand fest. Die Venezianer schienen keinen Karneval zu brauchen. Das Volksfest für die Fremden hörte ja sowieso nur während der winterlichen Monate auf. Die Karnevalszeit war für die Einheimischen ein verdienter verlängerter Ruhetag, ein Sonntag, den sie sonst während des Jahres nicht hatten. Die Erfolgsaussichten waren gering.

Die Reiseunternehmer gaben sich jede Mühe, ihren Kunden zu Hause den Eindruck zu vermitteln, daß der venezianische Karneval bereits seit Jahrhunderten ein unverzichtbares Erlebnis war. Nur das alte Venedig, hieß es in den bunten Reiseprospekten, habe in Europa die historische Tradition des Volksfestes gepflegt. Wozu in die gefährliche Fremde von Rio de Janeiro fliegen, wenn es sich im milden Klima der venezianischen Lagune weit günstiger feiern ließ? Zu Karnevalszeiten verwandelten sich die Städte am Rhein in kolossale amusische Bierhallen. Demgegenüber sei die Entfesselung der venezianischen Karnevalisten noch ganz von alter Kultur geprägt. Sich in Venedig gehenzulassen komme aufgrund der raffinierten, sinnlichen Spiele, die es dort gab, und des geheimnisvollen, intakten historischen Rahmens, in dem dies geschah, einer Studienreise gleich. Die gedächtnisschwachen Europäer unserer Spätzeit, aber auch die unverbesserlichen Maskensammler ließen sich von den Karnevalsbildern vergangener Zeiten täuschen und buchten. Die Bilder in den Prospekten und auf den Plakaten waren nicht gefälscht. Sie stellten jene Damen und Herren dar, die jahrelang während des Karnevals nach Venedig gekommen waren, um, bewegungslos mitten auf einer Brücke oder einem Platz stehend, den versunkenen Karneval zu beschwören. Sie hatten die Stellung gehalten.

Die Venezianer sahen sich die sparsamen Vorbereitungen für den Karneval an und gaben sich irritiert. Sie fanden die Lichterketten an den Fassaden vulgär, die Errichtung von

Bühnen und die Tonproben der Lautsprecher lästig. Alte Völker tendieren dazu, jede Erneuerung für undurchführbar zu halten. Die Venezianer sind Weltmeister in dieser Haltung. Und sie klagten! Die Abendgespräche, aber auch die flüchtigen Begegnungen in den Gassen galten allein der Beweisführung, daß der neue Karneval sich nur als Pleite erweisen konnte. In der Zeitung standen die Namen der durch Film und Fernsehen bekannten Gesichter, die ihren Auftritt bei der einen oder anderen Veranstaltung zugesagt hatten. Den fremden Karnevalisten waren sie mit wenigen Ausnahmen völlig unbekannt. Die Leitung des Karnevals hatte sie engagiert, um das Interesse der mürrischen Venezianer zu wecken. Doch diese bemängelten die Qualität oder den Bekanntheitsgrad der verpflichteten Künstler. Was würde geschehen, wenn die Fremden sich auch noch des winterlichen Venedigs bemächtigten? Daran wagte keiner eine Sekunde lang zu denken. Die Venezianer nahmen sich fest vor, sich in ihren dunklen, feuchten Wohnungen zu verschanzen. Die Kälte, diese beständige Alliierte gegen Besatzungstruppen, würde die Narreninvasion aufhalten.

## *V. Der erste Karneval in den Jahren des Untergangs*

Die Sonne schien. Es kamen Fremde in Strömen. Zunächst unterschieden sie sich kaum von den Touristen der heiteren Jahreszeit. Vielleicht waren ihre Koffer etwas größer. Die Laute, die sie von sich gaben, waren in den gewohnten Sprachen. Vielleicht hörten sie sich um eine Spur schriller an, wie es sich für angehende Narren gehörte. Wie sonst beschränkte sich ihr Wortschatz auf die Begriffe, die sie beim Lesen der Speisekarte oder beim Anhören von Opernarien daheim aufgeschnappt hatten. Vielleicht klangen ihre Sprachversuche tollkühner, eben weil Verwirrung angesagt war. Ein deutscher Freund von mir brachte seine Empörung über das schroffe Benehmen eines Parkwächters in der städtischen Garage zum Ausdruck, indem er dem vermutlich verblüfften Mann zuschrie: »Io, pasta alla arrabiata!« Ein Bekannter aus Paris beschwerte sich über den horrenden Preis der Fahrt vom Flughafen bis zum Bootssteg seines Hotels mit den Worten: »Così fan tutte.« Der Taxifahrer wollte daraufhin tätlich werden. Er fühlte sich beleidigt, weil der Fremde ihn mit seinem Ausflug in die italienische Sprache als Frau bezeichnet hatte, und ließ sich erst vom Hotelportier besänftigen.

Noch trugen wenige eine Maske. Vielleicht fragte sich der eine oder andere, warum die Stadt unmittelbar vor dem Anfang des Karnevals so menschenverlassen schien. Sie nahmen sicherlich an, daß die Venezianer zu Hause ihre Kostüme und Masken anprobierten.

Ihre neue Identität zogen die Fremden aus ihren großen Koffern. Die alte versteckten sie in den Hotelschränken. Die einen hatten den

Fundus eines Theaters geplündert oder auf dem verstaubten Dachboden ihrer Großeltern in alten Koffern gewühlt, die anderen waren längst Kunden beim Kostümverleih in ihren eigenen Städten. Es mangelte auch nicht an arbeitsamen Schneidern, die, mit der Nadel in der Hand auf dem Hotelbett sitzend, die letzten Stiche machten oder Knöpfe an ihren selbst entworfenen Kostümen versetzten.

Nun war alles bereit. Die Mühe hatte sich gelohnt. Die Verwandlung war vollkommen.

Der Karneval begann erst, als sich die Fremden auf die Straße begaben. Die Masken beherrschten allmählich die Szene. Sie übertrafen alle Verheißungen der Reiseprospekte. Überlebensgroße Frösche küßten beständige Jungfrauen, die sie unentwegt in Prinzen verwandelten. Strahlende Ritter stiegen aus feuerspeienden Drachen und verloren sich im Menschenwald. Hunde gingen mit feierlich angezogenen Herren an der Leine spazieren. Amazonen züchtigten entzückte Esel mit der Peitsche. Zwei Meter hohe Vestalinnen stolzierten unnahbar auf dem Markusplatz auf und ab und schickten sich an, den Glockenturm zu besteigen. Weltallkrieger bettelten an den monumentalen Lippen eines dröhnenden außerirdischen Wesens aus Chromgelatine, das wie ein Glibberpudding zitterte, als wäre es die Beute von Piranhas, unermüdlich um Einlaß. Die Heiterkeit war eine ansteckende Krankheit. Sie war unwiderstehlich. Sie setzte die erfahrensten Karnevalsveteranen in Erstaunen. Den Maskierten fiel nicht auf, daß die Kostüme aus der venezianischen Vergangenheit fehlten. Die vielen Höflinge mit gepuderten Perücken stammten eindeutig aus Versailles. Nur selten begegneten die Karnevalsnarren einem Casanova, und dann wirkte er merkwürdig schüchtern. Ab und zu liebäugelte eine Desdemona mit einem seltsam verlegenen Othello. Die Seeleute sprachen mit Akzent, als hätten sie bei ihren Schlachten Napoleon bekämpft. Es gab zwar ein paar Dogen, aber sie redeten deutsch miteinander. Die Fledermaus hieß tatsächlich Ms. Batman und war ein Landkind aus Nordirland. Sogar die Mäuse, die darauf bestanden, Mickey oder Daisy genannt zu werden, hatten die Pässe von Aschenbach und Alma Mahler im Hotelsafe hinterlegt. Wo waren die venezianischen Karnevalsmasken geblieben?

Colombina, Arlecchino, Bauta, Brighella, Pantalon … sie waren anscheinend vor Beginn des Karnevals abgereist. Die Narren des neuen venezianischen Karnevals vermißten sie nicht. Nur die wenigstens unter ihnen hatten eine Komödie von Goldoni im Theater gesehen.

Die Karnevalsnarren blieben überzeugt, daß sie ihre Erkrankung an der Heiterkeit den Venezianern zu verdanken hatten. Was war gewonnen, wenn ein Spaßverderber den angereisten Narren verriet, daß nur sie allein den venezianischen Karneval ausmachten? Sie hätten ihm keinen Glauben geschenkt. Das traf außerdem nicht ganz zu. Vereinzelte Eingeborene, wahrscheinlich die einsamen, hatten sich von Anfang an unter die Tänzer gemischt. Das war hinterher aktenkundig. Einige Lebedamen vom Festland hatten einfach ihre Arbeitskleider anbehalten und ernteten dafür wiederholt Lobrufe für das vorzügliche Kostüm. Die unwahrscheinlichen Ladys, die unermüdlich in einer Gondel Bridge spielten, waren zwar wirklich in England geboren, aber längst mit braven venezianischen Bürgern verheiratet. Es gab zweifellos einheimische Verkäuferinnen oder Kellner, die sich in eine Maske vernarrt hatten. Und natürlich die Kinder, zählen etwa die Kinder nicht zur venezianischen Bevölkerung? Das Freudengeschrei machte das Fernsehprogramm zu einem Stummfilm. Jedes *vaporetto* war ein rettungslos überfülltes Narrenschiff für sich. Sogar den abgelegensten Lebensmittelläden gingen die Getränke aus. In den Bars rangen die Narren um den Zugang zu den Waschräumen miteinander. Selbst die dunkelsten Gassen gehörten den verschwitzten Rasenden. Und es stank, weil Venedig kaum über öffentliche Toiletten verfügte.

Die Karnevalisten ließen sich nicht beirren. Sie hielten immer noch die Venezianer für die Entfesselung der Heiterkeit verantwortlich. Oder war es Venedig selbst, das die Entfesselung verursachte? Auf einmal schienen Gassen und Campi am Tanz teilzunehmen. Daß die Fensterscheiben musizierten, war unüberhörbar. Der abbröckelnde Putz der Fassaden trommelte mit, wenn er auf die Pflastersteine schlug. Das Wasser der Kanäle hörte auf zu plätschern und begann, venezianische Geschichten zu erzählen. Ihr Leitmotiv war der Untergang. Aber die Narren bekamen keine Angst. Der venezianische Karneval hielt die kurze Ewigkeit der guten Feste gefangen. Der Untergang hatte Zeit.

Am Anfang war die Ansteckung unmerklich. Der eine oder andere Venezianer betastete sich und stellte fest, daß sich nichts an ihm verändert hatte. Sie beobachteten einander. Keiner sprang ab. Die gewohnte soziale Kontrolle funktionierte. Ihren mürrischen Gesichtsausdruck sahen sie an ihren Mitbürgern wie in einem Spiegel. Zunächst gaben sie nicht zu, daß sie frustriert waren. Doch dann überfiel einige langsam der Verdacht, daß die Venezianer allesamt eine Maske trugen. Ihr Beitrag zum Karneval war es vielleicht, die Kränkung darzustellen. Plötzlich kamen sie sich wie seltsame Spaßvögel vor. Immer weniger Einwohnern gefiel es, die Rolle des Beleidigten zu spielen. Sie hörten hinter ihrem Rücken das Lachen der närrischen Besatzer. Die Schimpfkanonaden im venezianischen Dialekt schienen die Barbaren witzig zu finden. Ihre wütenden Grimassen verfehlten die beabsichtigte Wirkung völlig. Die Karnevalisten glaubten offenbar, den venezianischen Galgenhumor verstanden zu haben. Allmählich verloren die Venezianer die Angst, von ihren Mitbürgern beim Lachen über die Spaßmacher ertappt zu werden. Plötzlich ließen sich viele von verführerisch Maskierten mitreißen und wagten auf dem Weg zur Bank oder zum Zahnarzt ein paar Tanzschritte. Es war lästig, dabei die tadelnden Blicke der noch störrischen Einheimischen ertragen zu müssen. Deswegen stattete eine zusehends wachsende Zahl von angehenden einheimischen Narren dem eigenen Dachboden einen verstohlenen Besuch ab. Die einen vollbrachten Wunder mit einem eingemotteten Vorhang, andere erinnerten sich, daß sie sich als Kinder mit Hilfe eines vergilbten Lakens in Beduinen oder Gespenster verwandelt hatten. Bis die Maske des Gekränkten aus dem venezianischen Karneval verschwand, weil sämtliche Venezianer der Ansteckung der Heiterkeit unterlagen und sich nach der Narrenfreiheit sehnten. Vor allem brauchten sie eine richtige Maske. Sich eine Maske zu besorgen erwies sich jedoch als unerwartet schwierig. Es gab in Venedig kein einziges Geschäft, das Masken verkaufte. Den Papierläden war inzwischen der Vorrat an üblichen Pappmasken ausgegangen. Löcher für Mund und Augen in ein Tuch einzuschneiden, war unbefriedigend. Es gab in den Gassen schon eine Menge Gespenster. Sich als Bankräuber oder Terroristen zu verkleiden hätte möglicherweise die Chancen für Liebesbekanntschaften verringert. »Elephant Mans« Aussichten als Liebhaber waren mit Sicherheit noch dürftiger. Die Phantasie weilte seit langem nicht mehr unter den Venezianern, aber die Halbmasken von Arlecchino und Colombina waren leicht zu Hause herzustellen. Vielleicht gab es aus diesem Grund auf einmal auch so viele Othellos in Venedig.

### *VI. Der Karneval im Palazzo (eine Parenthese)*

Der Karneval der altreichen Venezianer hatte mit dem wiederaufgenommenen Volksfest nichts gemein. In den Palästen am Canal Grande war die Tradition über die Jahre ungebrochen gehütet worden. Seit geraumer Zeit galt es in diesen Kreisen, jedes Jahr eine andere festliche Welt zu erschaffen. Die verschiedenen Gastgeber machten eine bestimmte geschichtliche Periode oder ein umwälzendes historisches Ereignis zum Motto ihres Karnevalsfestes. Häufig feierte man die goldenen Jahre der Republik. Aber auch die Belle Époque oder die Roaring Twenties wurden mit Vorliebe heraufbeschworen. Weit mehr als die Hälfte der Gäste war zum festlichen Anlaß mit dem Flugzeug gekommen. Wer kein Kostüm mitgebracht hatte, durfte in moderner Abendkleidung erscheinen. Sie war seit über hundert Jahren unverändert geblieben und paßte gut zu den Karnevalsbällen, deren Thema die jüngere Vergangenheit war. Die Anwesenheit ausländischer Gäste war am Canal Grande Pflicht. Das Maskenfest wurde erst dann ein Event, wenn es dem Gastgeber gelang, möglichst viele weltberühmte Persönlichkeiten in seinen Salons zu versammeln. Daß der Sinn eines Maskenballs war, eben nicht erkannt zu werden, schien den venezianischen Hausherren und auch ihren Gästen ganz zu entgehen.

Daß fast alles, was in der restlichen Welt geschieht, kaum das Interesse eines Venezianers weckt, gehört zu den Dingen, auf die ein Wahlvenezianer im Lauf der Zeit fast unweigerlich kommt. Diese Weltverachtung macht einen großen Teil des venezianischen Selbstverständnisses aus. Sie denken nicht daran, sich helfen zu lassen. Entgegen einer weitverbreiteten Ansicht sind die Venezianer auch ausländerfreundlich. Wahrscheinlich ist die Stadt in den letzten beiden Jahrhunderten zu oft von fremden Truppen besetzt worden. Die venezianischen Herren bilden darin keine Ausnahme. Das mag sich besonders in diesem Abschnitt wie ein Paradoxon anhören. Meine Behauptung enthält jedoch keinen Widerspruch, sie braucht nur eine Erklärung für die Sitte, Ausländer, wohlgemerkt berühmte Ausländer, zu den Karnevalsfesten einzuladen.

Da sie einmal Händler waren, neigten die altreichen Venezianer seit jeher dazu, ihren Nachbarn, also ihren Konkurrenten, mit ihren Reichtümern zu imponieren. Erst ließen sie ihre Paläste, die von der Stadtstruktur her dicht aneinanderstehen, von weltbekannten Baumeistern gestalten. Sie füllten ihre Räume mit kostbaren Möbeln und bestellten Bilder bei den gefragtesten Künstlern. Sie engagierten Schauspieler, die in ihren Haustheatern Komödien spielten, die sie selbst in Auftrag gegeben hatten. Sie prahlten sogar mit der Zahl ihrer

Hausfreunde, Klienten und Diener. Im Palast des gefürchteten Schriftstellers Pietro Aretino, er war ein Freund von Tizian, sollen manchmal bis zu vierhundert Personen übernachtet haben. Die Herren Venedigs wollten unbedingt reicher, mächtiger, kultivierter aussehen als ihre Nachbarn. Dieser Konkurrenzkampf drohte viele von ihnen in den Ruin zu treiben. Selbst die Gondeln, die sich in den engen Kanälen unentwegt kreuzen mußten, gaben den venezianischen Adligen Anlaß, ihrer Prunksucht zu fröhnen. Die Gondeln wurden mit Gold und Juwelen geschmückt, immer mehr, immer weiter, da die Nachbarn umgehend versuchten, sie zu übertrumpfen. Bis der Doge wenigstens auf dem Wasser der krankhaften Prahlerei ein Ende setzte. Der Doge befahl, daß die Gondeln fortan schmucklos und schwarz gestrichen sein sollten.

Fremde, Politiker, Divas und Künstler zu bewirten erwies sich in härteren Zeiten für die Erben als günstiger. Der Kampf, die berühmtesten unter ihnen als Gäste bei ihren Karnevalsfesten zu gewinnen, war in Wirklichkeit ein Überbleibsel des ruinösen Wettstreits ihrer Vorfahren.

Gelegentlich nahm ich die Einladung zu einem Karnevalsball an. Ich traf Bekannte und Freunde als Komparsen von Fellinis »Casanova«, von »Kinder des Olymp« oder »Der große Gatsby« wieder. Viele hatten eine kleine Kamera mitgebracht und fotografierten sich gegenseitig. Spätestens zum Abendessen legten sie die Masken ab, um eine Gabel matschigen Risottos oder frittierter Fische zu sich zu nehmen. Das Menü kam seit Jahren jedem schon aus den Ohren. Die Kellner von der Stadtküche kannten alle beim Vornahmen. Ich sah die Paare sitzen, den Teller auf den Knien, das Rotweinglas neben der Untertasse voller Kippen auf einem zierlichen, vergoldeten Stuhl mit Brokatpolsterung, der sonderbar echt und daher völlig fehl am Platz wirkte. Sie waren das Bild einer verkleideten Niederlage. Ihre Niederlage war alt. Auch bei diesem Karnevalsfest hatten sie es nicht geschafft, mit Hilfe der Maske mindestens eine Weile einander loszuwerden.

Es wurde kein Vivaldi gespielt. Im Erdgeschoß dröhnte Rockmusik. Die Jugendlichen waren unter sich und tanzten. Den Paaren, die schweigend vor sich hin aßen, waren die Begeisterungsschreie der Tanzenden ein Greuel. Wieder einmal war es ihren beneidenswerten Kostümen mißlungen, sie zu verjüngen.

Die besten Karnevalsfeste fanden im Haus des fetten Außenministers statt. Der Sozialismus war seiner sozialistischen Partei schon lange abhanden gekommen. Aber sein Karnevalsball war klassenlos. Einmal machte er die Sklavengesellschaft der amerikanischen Südstaaten zum Thema des Festes. Die Sklaverei wurde verherrlicht. Aber die verschwitzten Menschenhändler, die mit schwingenden Peitschen auf die schreienden Schwarzen losgingen, waren jung. Wahrscheinlich handelte es sich um Parteifußvolk oder Freunde, die der Politiker in den von ihm heiß geliebten Diskotheken gewonnen hatte. Es war so voll, daß die tanzenden Sklaventreiber und Sklaven eine kompakte Masse bildeten, eine große einzige berauschte Umarmung. Vor Onkel Toms Hütte saß der veneziansiche Adel mit Scarlet O'Hara oder Cousine Olivia auf dem Schoß.

Ein anderes seiner Feste war der Französischen Revolution gewidmet. Am Eingang lief das Video von Andrzej Wajdas »Danton«, und auch der Hausherr empfing als Danton verkleidet seine Gäste. Eine deutsche Freundin von mir ging als Marie Antoinette. Sie trug einen etwas blutigen zusätzlichen Kopf der glücklosen Königin fest unterm Arm und erweckte vielleicht deswegen das Interesse des korpulenten Revolutionshelden. »Es wundert mich, daß Sie sich ausgerechnet die Maske von Danton gewählt haben«, sagte meine Freundin. »Wissen Sie denn nicht, daß sein Freund Robespierre ihn enthaupten ließ, weil er korrupt war?« Der Außenminister lachte herzlich. Er sprach ausgezeichnet Deutsch. Es tat ihm aufrichtig leid, daß er nicht auf die Idee mit dem Reservekopf unterm Arm gekommen war. Er fiel vor ihr auf die Knie und sprach die blutverschmierte Maske an: »Wer sagt Ihnen, Majestät, daß ich nicht auch korrupt bin wie Danton?« Einige Montate später stand in der Zeitung, daß der venezianische Politiker in die Korruptionsaffäre, die seine Partei vernichtete, verwickelt war.

## *VII. »The Thrill Was Gone« oder der Untergang im Kopf*

Die Begeisterung von Hotelbesitzern, Gastronomen und Reiseveranstaltern war verständlich. Der bescheidene Geldaufwand hatte sich mehr als gelohnt. Sie konnten sich darauf verlassen, daß die Fremden künftig auch während des Winters nach Venedig kommen würden. Die Organisatoren zeigten sich stolz. Mit einem einzigen Streich, den sie selbstherrlich als genial bezeichneten, war es ihnen gelungen, den vergessenen Karneval wieder ins Leben zu rufen. Schon am Aschermittwoch fühlten sie sich reicher. Es war außerdem angenehm, sich als Wohltäter zu fühlen. Sie hatten einen maßgeblichen Beitrag zur Rettung Venedigs geleistet.

Der gelungene Karneval bedeutete für Venedig weit mehr als nur die Verlängerung der Tourismussaison und die damit verbundene Erschließung einer neuen Einnahmequelle. Der Karneval war der Beweis für eine alle überraschende Erneuerungsbereitschaft der Venezianer. Venedig drohte vielleicht doch nicht der Untergang, wenn die Einheimischen mit spontaner Begeisterung und ohne geschäftliche Hintergedanken am Karneval der Fremden teilnehmen konnten. Sie hatten sich die Freude anderer angeeignet, zugegeben. Das war aber alles andere als schlimm. Es machte schließlich keinen Unterschied, von wem eine gute Idee stammte.

Bald war der Karneval in Venedig keine neue Idee mehr. Niemand konnte sich an die karnevalslosen Jahre erinnern. Die Traditionshüter wußten von keinen Unterbrechungen zu berichten. Der venezianische Karneval gehörte mit zu den Grundpfeilern, auf denen Venedig stand. Und die waren überhaupt nicht faul.

Schon im darauffolgenden Jahr wurde der Karneval gesponsert, direkt übertragen und von falschen venezianischen Händen weitgehend zugrunde gerichtet. Was das Geschäftliche anbetraf, schien die Rechnung aufzugehen. Die Karnevalisten kamen in Massen. Sie brauchten keine Masken mitzubringen, nun gab es an jeder Ecke, dort wo vorher eine Bäckerei oder ein Kramerladen gestanden hatte, die exotischsten Masken. Leider schien die Phantasie sich darin zu erschöpfen. Mit jedem Jahr wurde der Karneval größer, reicher, aber auch stumpfer, wie eine Schau von »Holiday on Ice« aus unserer Kindheit. Die Spontanität blieb aus. Die Einheimischen vermißten die Narrenfreiheit und kehrten dem Karneval den Rücken. Die Fremden blieben unter sich. Allmählich merkten sie die Gleichgültigkeit der Venezianer. Wie in den Jahren vor der Wiederauferstehung wanderten wunderbare Masken elegisch, hieratisch, überflüssig durch die Stadt. Jetzt handelte es sich um einen Massenauftritt. Wie damals schienen sie auf etwas zu warten, was nie kommen würde. Sie hielten die Stellung. Sie konnten den venezianischen Verfall nicht verdecken. Daß sie sich in dieser

Rolle gefielen, zeigte sich in ihrer Haltung vor den Fernsehkameras. Die Fremden eigneten sich die Geschichte der venezianischen Dekadenz an. Die Heiterkeit wohnte nicht mehr in Venedig, auch nicht während des Karnevals. Damit verflüchtigte sich auch die Veränderungsbereitschaft, die der erste neue Karneval entfesselt zu haben schien. Die Zuversicht auf die Zukunft blieb erneut den Bürokraten überlassen. Der muntere, aber greisenhafte Fatalismus bemächtigte sich erneut der Einheimischen. Sie waren gegenüber Fremden und fremden Ideen immun. Die Venezianer setzten sich mehr und mehr zu jedem neuen Karneval die vertraute Maske der Kränkung wieder auf.

## *VIII. Sisi (eine Parenthese)*

Währenddessen war eine auffallende Veränderung bei vielen der Karnevalsbälle am Canal Grande vor sich gegangen. Nun gehörten sie zum Angebot der Reisebüros. Wer es sich leisten konnte, bekam eine Einladung. Einige Hausherren gaben vor, es für einen guten Zweck zu tun. Es war ein glänzendes Geschäft. Erstaunlich viele fremde Karnevalisten zeigten sich gern bereit, für die Teilnahme an einem Maskenball in einem echten venezianischen Palazzo eine beträchtliche Summe hinzulegen. Dafür wurde ihnen in Aussicht gestellt, daß sie nicht nur mit dem Adel, sondern auch mit internationalen Stars und Persönlichkeiten der

Zeitgeschichte freundlich ungezwungen verkehren konnten. Die schillernden Persönlichkeiten brauchten keinen Eintritt zu bezahlen. Dafür hatten die Inhaber einer gekauften Einladung volles Verständnis. Es würde auch nicht klar sein, wer zu den zahlenden Gästen gehörte und wer nicht. Im Reisebüro war ihnen versichert worden, daß die Zahl der käuflichen Einladungen nur gering war. Außerdem gäbe es strenge Selektionskriterien. Die fremden Karnevalisten fühlten sich geehrt. Was sie nicht wußten, war, daß die Stars und Gesellschaftsgrößen im Karneval nicht umsonst, sondern gegen Entgelt eine Maske trugen. Nachbarn, Verwandte und Freunde hatten kein Geld ausgeben müssen. In Wirklichkeit zahlten die Fremden für die Speisen und Getränke aller. Sie waren letzten Endes die heimlichen Gastgeber. Wie hätte es auch anders sein sollen? Es war Verwirrung angesagt. Es war Karneval. Nach dem Essen drückten die Torhüter ein Auge zu und ließen eine gewisse Anzahl von möglichst gut maskierten, freundlich wirkenden Jungen und Mädchen ein, obwohl sie keine Einladung vorzeigen konnten.

Ein junger Nachbar von mir, ein Lyriker, der sich auf diese Weise Eintritt zu allen wichtigen Maskenbällen verschaffte, erzählte mir eine Geschichte, die ich gleichnishaft für den venezianischen Karneval der besseren Leute fand. Sie bezog sich auf ein Erlebnis, das er im vergangenen Jahr gehabt hatte. Mein junger Freund war verlegen, konnte der Versuchung aber nicht widerstehen, mir zu erzählen, was ihm bei einem Palastball passiert war.

»Ich war zu spät dran. Die livrierten Diener am Palasteingang hatten Anweisung bekommen, keinen mehr ohne Einladung einzulassen. Ich stand, in der Galauniform eines österreichischen Husaren, ratlos vor der Tür und versuchte die Aufpasser davon zu überzeugen, daß sie als Venezianer kein Recht hätten, einem Besatzungsoffizier den Einlaß zu verweigern. Es sei Karneval. Die Lakaien in Livree waren Kellner, die mich seit der Kindheit kannten. Sie waren nicht unfreundlich, hatten sogar Verständnis, aber es war nichts zu machen. Zu dieser späten Stunde herrschte für unsereines absolutes Hausverbot. Ich war schon drauf und dran aufzugeben, als sich die wunderbarste Frau, der ich je begegnet bin, dem Palasteingang näherte. Sie war eine magische Erscheinung. Sie ging nicht, sie schwebte auf mich zu. Sie war nicht groß, aber sie strahlte Würde aus. Das hing nicht nur mit dem Kostüm aus silbernem Brokat zusammen, das mit zahllosen kleinen Perlen bestickt war. In ihrem dunkelblonden hoch frisierten Haar trug sie ein Diadem aus Smaragden. Ihre zierliche weiße Halbmaske hinderte mich nicht, ihre großen, tiefblauen Augen zu bestaunen, die mich spöttisch fixierten. Sie war einige Jahre älter als ich. Sie war keine Maske, sie war ein Wunder, und ich war hingerissen. Zwei Schritte hinter ihr ging eine in Schwarz gekleidete Frau, die Abstand zu halten schien. ›Es tut mir leid, daß ich Sie habe warten lassen, lieber Freund‹, sagte sie zu mir. ›Meine gute Solange ist an meiner unverzeihlichen Verspätung schuld.‹ Sie sprach französisch, aber mit einem Akzent, der mir deutsch vorkam. Jedes einzelne Wort enthielt ein Versprechen. Sie blickte die Schwarzgekleidete streng an, die reumütig den Kopf senkte. Ich verstand, daß die gute Solange ihre Anstandsdame war. Ich weiß bis heute nicht, wie es mir einfiel: ›Eine Königin‹, hörte ich mich sagen, ›ist nie zu spät, Majestät‹ und verbeugte mich tief. Sie lachte vergnügt auf. Wir schwiegen. Sie legte eine Hand, die in einem langen Handschuh steckte, auf meine Schulter und sagte: ›Sie haben uns lange nicht mehr in Wien besucht.‹ Ihre Stimme war ruhig und sanft, obwohl sie mich tadeln wollte. Es war kein Spiel. Ich hatte mich nicht geirrt. Sie war eine Kaiserin, sie war Sisi. ›Hätte ich geahnt, Majestät, daß Sie sich noch an mich erinnern, dann wäre mir kein Pferd zu schnell gewesen.‹ – ›Wieso hätten Sie nicht einfach den Zug genommen?‹ fragte sie und lachte. Gab es damals schon Züge, die direkt nach Wien fuhren? Ich lachte verlegen. ›Ich erinnere mich, lieber Rupert, daß ich Ihnen die Erlaubnis erteilt habe, mich einfach Sisi zu nennen‹, sprach sie kokett weiter. Ich fragte mich, mit welchem Rupert sie mich verwechselte. Sisi und Rupert? Es gab da einen Rudolf, aber der war Sisis Sohn. Es war mir gleichgültig, wer Rupert war, ich wurde Rupert. Sisi hakte sich bei mir unter, und wir schwebten an den Türhütern vorbei, die eine tiefe Verbeugung machten. Es war ein Traum. Sisi war eine geborene Tänzerin. Solange blieb an der Tanzfläche stehen und verfolgte uns mit den Augen. Hinter der schwarzen Maske machten ihre Augen einen sonderbaren Eindruck auf mich. Sie waren nicht traurig, nicht eifersüchtig. Solanges Augen blickten mich schüchtern, aber irgendwie auch gierig an. Von Zeit zu Zeit lächelten sich beide Frauen zu. Die Tänze wurden langsamer, man spielte jetzt ›späte‹ Tänze. Ich faßte Mut und lud Sisi zu mir ein. Zwei Schritte zurück folgte uns Solange. Zu Hause angekommen, ließen wir uns auf dem Sofa nieder, Solange blieb an der Wand stehen. Inzwischen hatte ich mich an sie gewöhnt, ihre Blicke wirkten ermutigend auf mich. Ich küßte Sisi. Sie bestand darauf, die Maske anzubehalten. Ich zog langsam an einem ihrer langen weißen Handschuhe. Ihre Arme fühlten sich stark an. Ich spürte, wie ihre dicke Schminke an meiner Gesichtshaut kleben blieb. Solange stand nun dicht, fast über uns, hinter dem Sofa, Tränen standen in ihren Augen. Kurz: Sisi war der Haupttänzer des belgischen Balletts. Solange, auch ein Mitglied des Ensembles, war mit ihm verheiratet. Ich erstarrte und stand verlegen auf. Ich war nicht angewidert und auch nicht empört. Ich war traurig darüber, daß, obwohl ich vielleicht doch Rupert war, Kaiserin Sisi für mich unerreichbar bleiben würde. ›Ich bin ein Mann von niederem Stand, Majestät‹, sagte ich schließlich zu ihr, ›von einer Kaiserin trennt mich eine

Welt.‹ – ›Schade‹, antwortete Sisi, während sie von Solange gefolgt zur Wohnungstür ging.«

*IX. Ein winterlicher Epilog*

Vielleicht war auch die Kälte der vergangenen Winter an der Trostlosigkeit der letzten Karnevale schuld. Die Karnevalisten zogen merkwürdig düstere Farben für ihre Kostüme vor, oft zitterten sie vor Kälte in ihren Kostümen. Die Augen hinter den Masken sahen resigniert in die Gegend. Sie glichen dem Blick eines Jägers, der die Hoffnung auf eine Beute aufgegeben hat, aber sich dennoch weigert, den Heimweg einzuschlagen. Auf einmal fiel mir auf, daß ich die Augen der Fremden nur zu Karnevalszeiten wahrnahm. Die Maske der anderen Jahreszeit, die Sonnenbrille, hatten sie im Hotel zurückgelassen. Trotz der Maske waren die Augen der Fremden im Karneval nackt, ihre Blicke hilflos. Es waren wissende, müde Augen, sie waren an Untergang erkrankt. Die fremden Karnevalisten hatten nur Augen für den venezianischen Verfall, und dieser reichte für das Überleben Venedigs als Ware nicht aus.

## *Venedigs Weg in die Wüste*

### *I. Bis zum Hals im Wasser*

Bis weit ins 18. Jahrhundert hinein war Venedig nicht nur eine politische Macht, sondern vor allem eine Kulturmetropole. Wie heute zog die Stadt die Fremden an. Der Zweck ihrer Reisen war jedoch weniger die Besichtigung der Stadtschönheiten. Die Reisenden hatten präzisere Interessen. Diese waren wissenschaftlicher, wirtschaftlicher und künstlerischer Natur. Venedig war ein Magnet. Anders als in unserer Zeit blieben die Stadtbewohner nicht an den Ufern der Lagune zurück, um ihre schönen Steine zu vermieten. Sie fuhren als Entdecker, Eroberer, Wissenschaftler und Kaufleute in die Welt. Venezianische Theatermacher beherrschten die Bühnen Europas. Sie waren es, die den Polstererlehrling Molière inspirierten. Die Musiker aus Venedig waren die ersten in Europa, die nach Amerika und in den Orient fuhren. Der Hafen war das Tor zum Morgenland, um die fernen Länder mit ihren Opern zu kolonisieren.

Aber das Haus von Petrarca unweit des Dogenpalasts am Ufer der Schiavoni steht nicht mehr. Die unschätzbare Bibliothek, die der Dichter den Venezianern vermachte, verschwand kurz nach seinem Tod spurlos. Goldoni starb vergessen am Ufer der Seine. Die

Venezianer interessierten sich nicht mehr für seine Komödien. Seine letzte Arbeit bestand darin, den französischen Königskindern Italienisch beizubringen. Als bald danach der König seinen Kopf verlor, verlor auch der größte venezianische Dramatiker den Boden unter den Füßen.

Die Commedia dell'arte ist nicht mehr. Zwar pflegen eine oder zwei kleine Theatergruppen das, was sie für die Tradition dieser Schauspielkunst halten, aber ihre Arbeit ist wertlos. Die Schauspieler äffen eine Theatervergangenheit nach, die nie existiert hat. Denn die Commedia dell'arte, wie auch jeder andere Ausdruck der venezianischen Kultur, war weder folkloristisch noch lokal, sie war für die restliche Welt gedacht. Die Überbleibsel des Maskentheaters, aus dem die europäische Bühnenkunst hervorgegangen ist, betreiben nur noch ein groteskes Steifbeintheater zur Belustigung einiger wenigen Touristen, die sich einbilden wollen, das echte venezianische Theater zu erleben.

Nach einer unlängst veröffentlichten Statistik ist Venedig die unmusikalischste Stadt Europas. Im 18. Jahrhundert mit Mozart und trotz der Dekadenz auch im 19. mit Verdi und Wagner fanden in »La Fenice« viele der wichtigsten Opernuraufführungen statt. Auch seit »Einstein on the Beach« von Philip Glas und Robert Wilson sind mehr als zwanzig Jahre vergangen.

Die Kunstbiennale, die verzweifelt versucht, sich aus ihrer tiefen, langandauernden

Krise zu retten, hat es nicht geschafft, Venedigs Platz als Kunstmetropole zu verteidigen. Von Anfang an war die Biennale eine von Ausländern für Ausländer organisierte Ausstellung. Die Venezianer haben sich dieser wie anderen ähnlichen Institutionen gegenüber gleichgültig gezeigt. Wenn morgen die Kunstbiennale oder die Filmbiennale zu existieren aufhörten, würden die Venezianer sicherlich bitter klagen, aber in Wirklichkeit wären sie erleichtert. Während die Stadtregierung sich weiterhin bemüht, die wichtigsten Wanderausstellungen und Theateraufführungen nach zahllosen Etappen in den europäischen Städten doch noch nach Venedig zu bekommen, verfolgen kleine, heldenhafte Kunstvereine und Theatergruppen unbeirrt das Ziel, ein autonomes venezianisches Kulturleben zu erhalten. Der Mangel an Mitteln, aber auch die strengen Grenzen der provinziellen Phantasie verurteilen diese Militanten zur Obskurität irgendeines Dorfes. Ihnen ist nur das Versagen gewiß. Denn wenn sie sich nicht »der Pflege der Traditionen« widmen, versuchen sie nordamerikanische oder gar japanische Avantgardisten zu importieren, die zuerst in Paris und danach in Rom bereits verdaut worden sind. Die Bemühungen dieser Gläubigen werden dadurch zur weiteren Bloßlegung der kolonialen Rezession, in der sich das Kulturleben in Venedig befindet.

Dieser desolate Zustand betrifft nicht nur Venedig. Italien gelingt es noch, jede Art Möbel oder Kleider weltweit zu verkaufen. Die berühmtesten Designer und Architekten haben einen italienischen Paß. Dennoch kann das Land, was die Künste betrifft, seit langem nicht mehr mithalten. Der Hauptsitz der italienischen Oper ist heute nicht die Mailänder Scala; die Kunstwerke an den Wändern der Chase Manhattan Bank oder der Deutschen Bank sind von Amerikanern oder Deutschen gemalt. Diese Niederlage der italienischen Kunst ist keine Überraschung. Es handelt sich um den ewigen Kampf um die Hegemonie zwischen den beiden mächtigsten Ländern des Abendlandes. Wenn Werke von Kiefer oder Schnabel die Aufsichtsräume der Mailänder und der römischen Banken schmückten, würde kaum einer in Italien daran Anstoß nehmen. Das Sprechtheater, von der Lyrik oder dem Tanztheater ganz zu schweigen, ist der arme Verwandte, das Opfer jedes denkbaren *overbooking* am Diskussionstisch des Kulturbudgets. Der Hauptgrund für das Verschwinden der Musen aus Italien kann nicht der Rückstand der kapitalistischen Entwicklung im Lande sein. Wirtschaftsschwächere Länder wie Österreich, Schweden oder Finnland verfügen über Theater, die sich durchaus mit denen von London, Paris oder Berlin vergleichen lassen. Die Ursache der kulturellen Verkarstung kann nur politisch sein.

Pasolini unterlag einem bezeichnenden Irrtum, als er um die verschwundene Bauernkultur oder Zivilisation, es sind Synonyme, trauerte. Die »pasolinischen Tränen« für etwas, das nie so, wie er es verherrlichte, existiert hat, erinnern an die Tränen der DDR-Nostalgiker in Deutschland. Aber Pasolini hatte recht, als er die verheerenden Folgen der wilden Industrialisierung beschrieb. Wie heute Chile oder Korea ignorierte Italien die unerläßliche Erneuerung und Modernisierung seiner Infrastruktur. Mit der kriminellen Ignoranz der gestürzten sozialistischen Bürokraten vernachlässigten die Regierungen des Landes den Umweltschutz. Die Flüsse ufern aus, weil die Flußdämme baufällig sind. Die Berge rutschen ab und verschlucken ganze Dörfer, weil im Lauf der Jahre die Bäume, die zur Erdbefestigung dienten, gefällt wurden. Die Züge fahren fast planmäßig in den Abgrund, weil die Schienen desolat sind. Die Autobahnen sind eine tödliche Falle. Wie kommt es, daß es gleich hinter der Grenze auf Schweizer Seite keinen Bergrutsch gibt? Warum gerät Venedig jedes Jahr bei einer Sturmflut wieder in Untergangsstimmung und nicht Amsterdam? Die Barbarei ist in Italien Kultur. Leider gehört die Kultur in den Augen der italienischen Regierungen offenbar nicht zur Infrastruktur. Es ist bedrückend zu sehen, wie die angeblich fortschrittliche Stadtregierung sich mit den Sparmaßnahmen der Zentralregierung am Kulturetat protestlos abfindet. Der venezianische Bürgermeister, der ursprünglich ein Philosoph gewesen sein soll, benimmt sich auffallend kulturfeindlich. Er lehnt jedes Kulturprojekt ab, das sich nicht selbst finanzieren kann. Diese Haltung bedeutet am Ende, den Universitäten, Archiven, Museen Gewinne abzuverlangen. Aus welchem Grund sollten sich die Unternehmer an der Finanzierung der kranken Biennale beteiligen, wenn nichts dabei für sie herausspringt? Hat es so etwas wie einen Mäzen jemals wirklich gegeben? Lorenzo il Magnifico, Michelangelos Gönner, war ein florentinischer Geschäftsmann, dem auch noch die Regierung seiner Stadt zufiel. Rockefeller setzte seine Schenkungen fleißig von der Steuer ab. Die venezianische Regierung verzichtet gern auf die Dichter. Muß sich Italien Gott anvertrauen, damit er ein Wunder bewirkt und die Welt wieder mit einem Dante beschenkt? Soll Venedig ausschließlich »Warten auf Goldoni« spielen? Konsequenter wäre es, die staatlichen Zuwendungen für Kultur dem Manager von Madonna oder dem Produzenten von »Godzilla 2« zu überweisen und Venedig aus baupolizeilichen Gründen zu schließen. Die Alternative wäre ein venezianisches Disneyland. Neulich hörte ich, daß der amerikanische Trickfilmkonzern Interesse an einer verlassenen Insel der Lagune angemeldet hat. Ich frage mich, aus welchem Grund er abgewiesen wurde. Die Welt fühlt sich weiterhin von Venedig angezogen. In ferner Vergangenheit förderte die Republik die Kaufleute, die aus allen Ländern nach Venedig kamen, um ihre Waren auszutauschen. Die *fonteghi* entstanden; es waren Marktplätze, die den verschiedenen Ländern zur Verfügung gestellt wurden. Durch den Fontego dei Tedeschi oder den Fontego dei Turchi brachte Venedig die Produkte der ausländischen Händler und auch die eigenen unter die Leute. In gewissem Sinne war Venedig ein Vorgriff auf unseren gemeinsamen Markt. Die *fonteghi* können nicht wieder eingerichtet werden. Von ihrer Magnetfunktion ist nur der kontinuierliche Zustrom der Ausländer geblieben. Doch der Tourismus, wenigstens wie diese Industrie bislang praktiziert wird, reicht nicht aus, um Venedig eine Zukunft zu sichern. Die Einwohnerzahl, die vor wenigen Jahren hunderttausend betrug, ist auf weniger als siebzigtausend gesunken. Die Lebensmittelgeschäfte schließen, um Boutiquen und Maskenläden Platz zu schaffen. Bald werden die Venezianer aufs Festland fahren müssen, um Brot zu kaufen. Und als wäre das alles noch nicht genug, schließen auch die Fabriken Margheras nach und nach. Was wird geschehen, wenn es keinen mehr gibt, der die verseuchte Luft jener veralteten Anlagen zu atmen bereit ist? Diesbezüglich hatte die Stadtregierung eine fürwahr kühne Idee: Sie hat auf einem verlassenen Industriegelände einen technologischen Park gegründet. Wer sich dahin begeben soll, um zwischen den Tanks voll chemischer Gifte spazierenzugehen oder einer Theateraufführung beizuwohnen oder gar eine Skulpturenausstellung zu besuchen, das mag der Teufel wissen.

Die Antwort war immer, man müsse die

Kultur nach Venedig bringen. Aber wie? Als Kongreßzentrum dürfte die Lagunenstadt die unbequemste der Welt sein. Es ist zu befürchten, daß die Kongreßveranstalter keine rosige venezianische Zukunft werden erleben können. Sämtliche Tintorettos oder Tizians aus den städtischen Museen herauszuholen und sie, wie es Sitte geworden ist, zusammen auszustellen, mag vielleicht ein ganz gutes Geschäft sein, wird aber in keiner Weise den Exodus der Arbeitslosen aufhalten.

Angenommen der Zentralregierung und der Europäischen Union gelingt es, ihre Pläne zur Rettung der Stadt vor dem Zusammenbruch und der Sturmflut durchzuführen, wovon soll nach dieser Anstrengung babylonischen Ausmaßes die sanierte Stadt leben?

Was fehlt, ist eine neue Idee.

### *II. Besichtigung einer kultivierten Dame*

Vor hundert Jahren, als die Biennale gegründet wurde, suchte das Gespenst des Untergangs Venedig nicht heim. Voller Zukunftszuversicht und, wie es sich später herausstellte, auch Verantwortungslosigkeit waren die Sümpfe am Ufer der Lagune trockengelegt worden, damit im venezianischen Hinterland Fabriken jeder Art entstehen konnten.

Die Industrialisierung, die auf dem der Lagune abgewonnenen Land erfolgte, machte das Hochwasserphänomen zur größten Gefahr

Venedigs. Bald reihten sich die Gewerkschaften wegen der Verteidigung der Arbeitsplätze in die Front der Komplizen am drohenden Untergang ein.

Die chemische Industrie von Marghera sollte in Italien führend werden. Hunderttausende würden einen sicheren Arbeitsplatz bekommen. Mietskasernen schossen überall aus dem Boden. Im neuen Hafen gab es regen Schiffsverkehr. Die Gegend war arm an Bodenschätzen. Selbst den Brennstoff für die neuen Fabriken und Elektrizitätswerke mußten die Schiffe aus fernen Häfen bringen. Vollbeladen fuhren sie durch Venedig, den Giudecca-Kanal hinauf, zum Hafen und dann wieder zurück zum Meer. Daß ein Schiff leck sein und die Lagune verseuchen oder auf Grund laufen und die Häuser gefährden könnte, kam offenbar niemandem in den Sinn. Die Fortschrittsgläubigkeit hatte sich am Ende der Belle Époque der Gemüter bemächtigt. Venedig blühte auf.

Die Gründer der Biennale hegten nicht die Absicht, Venedig zu retten. Das brauchte die Stadt damals nicht. Der Massentourismus hatte Zeit. Die Grand Tour konnten sich nur Privilegierte leisten; sie hätten die Biennale nicht vermißt. Hotelbesitzer, Gastronomen oder Reisebüros spielten bei der Gründung einer großen internationalen Kunstausstellung, die sich jedes zweite Jahr in Venedig ereignen sollte, keine entscheidende Rolle. Die Biennale fiel den großen Unternehmen jener Gründungsjahre ein. Venedig war dabei, eine Industriegroßstadt zu werden. Die neuen Herren beschlossen, sich mit der Biennale ein Denkmal zu setzen. Sie sollte ihr Beitrag zur Aufrechterhaltung Venedigs als Kulturstadt sein. Die Kunstausstellung würde die Vitalität und Standfestigkeit der neuen Industriestadt an der Lagune hervorheben. Die Biennale hatte Repräsentationszwecke. Sie war ein Geschäft.

Kunstausstellungen fanden alljährlich in allen europäischen Großstädten statt. Die venezianischen Gründer suchten nach einer Einrichtung, die sich von allen anderen unterscheiden sollte. Die Biennale mußte in der Tradition der Lagunenstadt verankert sein. Ein großes Museum hätte nicht ins Stadtbild gepaßt. Der Aufwand sollte sich außerdem in Grenzen halten, die Lagunenstadt war ja klein. Sie hatte keinerlei politische Bedeutung. Daß sich die Herren bei ihren Überlegungen bewußt an den *fonteghi* der goldenen Jahre orientierten, ist zwar nicht aktenkundig, aber naheliegend. Venedig stellte den ausländischen Staaten in den Giardini Publici, den städtischen Gärten, ein Grundstück zur Verfügung, damit sich jedes Land ein *fontego* für die Kunst bauen konnte. Aus den verschiedenen Ländern kamen Architekten, die Pavillons im Stil ihrer Herkunftsländer entwarfen. Die Biennale wurde umgehend zur weltweit wichtigsten Ausstellungsstätte für moderne Kunst.

Anläßlich der Hundertjahrfeier der Biennale errichtete man auf einem Gelände der Innenstadt eine Ausstellung, die nur wenige besuchten. Während unter den Bäumen des städtischen Parks wie bei jeder Biennale diskutiert wurde, welcher Künstler am letzten Tag den großen Preis bekommen sollte und sich damit zu den Unsterblichen zählen durfte, besuchte der eine oder andere die abgelegene Ausstellung. Dort konnten sie die Werke der Künstler bewundern, die in den hundert Jahren des Bestehens der Biennale mit dem großen Preis geehrt worden waren. Die spärlichen Besucher waren wahrscheinlich überrascht. Dazu hatten sie auch guten Grund. An den Wänden hing kein Cézanne, Picasso, Klee, Kandinsky, Braque, Dalí oder Bacon. Die Besucher kannten nur die Namen der preisgekrönten bildenden Künstler aus der jüngsten Vergangenheit.
Während des Faschismus wurde der Kunstbiennale ein Filmfestival angehängt, das Filmbiennale hieß, obwohl es sich jedes Jahr wieder ereignete. Hinzu kamen eine Musikbiennale, eine Theaterbiennale und später noch eine, die der modernen Architektur gewidmet war. Max Reinhardt zeigte seine Berliner Theaterinszenierungen, bis die Nazis ihn zur Emigration zwangen und er nach Hollywood auswanderte. »Jud Süß« erntete das Lob eines jungen Filmkritikers, der Michelangelo Antonioni hieß. Dem künftigen Filmregisseur imponierte die

Vitalität des neuen deutschen Films. Nach dem Ende des Dritten Reichs schlossen die Musikliebhaber den alten Strawinsky ins Herz, der den innigen Wunsch äußerte, in Venedig begraben zu werden. Er wurde ihm erfüllt. Elizabeth Taylor zeigte sich den Venezianern immer wieder am Arm eines neuen Ehemannes. Bis in die sechziger Jahre traf sich die Welt der erfolgreichen Künstler spätestens alle zwei Jahre wieder in Venedig.

Im Sommer 1968 jedoch wurde die Biennale, wie übrigens fast alles andere in Europa, vemeintlich endgültig umfunktioniert. Studenten und Künstler, die sich anscheinend einer Verjüngungskur unterzogen hatten, identifizierten sich plötzlich mit den Erniedrigten und Unterdrückten der ganzen Welt und eroberten die Biennale. Die Künstler gebärdeten sich als Weltrevolutionäre. Filmautoren und Dramatiker behaupteten auf einmal, den Sprachlosen aller Länder eine Sprache zu verleihen. Die Kunst der Befreiung war nie die Sache der Biennale gewesen. Sie tat sich in ihren wunderschönen Salons schwer mit dem Agitprop der düsteren polnischen Avantgarde, der neuen chinesischen Kategorie der Arbeit, den Errungenschaften der Unidad Popular und der Utopie der Commandantes. Die Biennale der entstanden, um das venezianische Wirtschaftswunder zu repräsentieren. Ähnlich einer feinen alternden Dame, die sich plötzlich gezwungen sieht, sich volkstümlich zu verhalten, fiel die venezianische Biennale in eine tiefe

Depression. Bislang hat sie die Existenzkrise nicht überwinden können. Kunstausstellungen, Filmfestivals, Theater- und Musiktage in anderen Städten ersetzten die Biennale. Jedes Heilrezept versagte. Aber die kränkelnde Biennale gab nicht auf. Die alte Dame weigerte sich einzusehen, daß sie mit einer Welt des Umbruchs konfrontiert war, der sie nicht gewachsen sein konnte.

Die Venezianer waren enttäuscht. Wie früher sollten die Zaungäste bleiben. Ihnen hatten die Organisationen nie eine andere Haltung abverlangt. Aber es war nicht wie früher. Die Filmbiennale verlor ihre Relevanz als Filmmesse. Vor der Umfunktionierung der Biennale hatte es sich gelohnt, vor dem großen Kino auf dem Lido oder vor einem der Luxushotels zu warten, um einen Blick auf die berühmten Fremden zu werfen. Die echten Filmstars, die Hollywoodstars, hüteten sich, ihre Filme zu zeigen oder sie nahmen am Wettbewerb nicht teil. Überhaupt ließen sich die Stars während des Filmfestivals nur selten sehen. Die bärtigen, ungepflegten, wenigstens in ihrer Kleidung äußerst außereuropäisch aussehenden Künstler der unruhigen Neuzeit wurden den venezianischen Zaungästen lästig. Ihre Filme liefen nicht im Kino, ihre Werke, so hieß es, waren experimentell, provozierend, sie klagten die Gesellschaft an und stellten ihre Heuchelei bloß. Venedig war für alle diese Kulturschaffenden die denkbar falscheste Adresse. Die Venezianer waren historische Heuchler. Brecht hat immer behauptet, daß es nicht genügt, das beste Theater zu machen, wenn man sich nicht das entsprechende Publikum erzogen hat. Außerdem erschienen Gesichter der Künstler nicht einmal im dritten Programm. In keiner Illustrierten konnten die Venezianer ihre Liebesleiden verfolgen. Sie kehrten der Biennale den Rücken. Ihre Gleichgültigkeit war eine Abwehrmaßnahme. Als allmählich alles wieder so werden sollte, wie es in der guten alten Zeit gewesen war, und wenigstens die Filmstars, die aus den Booten an der Anlegestelle des Exelsior Hotels auf den Lido stiegen, die echten Helden der Leinwand waren, fanden sich nur vereinzelte Venezianer bereit, sich als applaudierende Zaungäste zu betätigen. Sie blieben lieber zu Hause vor dem Fernseher, als ereignete sich die Biennale in einem anderen Land. Fortan verkehrten die Fremden miteinander. Die alten giftigen Chemiefabriken, deren Gesicht die Biennale war, gibt es nicht mehr. In den Giardini Publici und am Lido-Strand versuchte die alte Dame mitzuhalten. Für die Künstler war sie im besten Fall nur *second call*. Die Premieren, auf die es ankam, fanden woanders statt.

*Lourdes (ein Selbstzitat)*

Im Sommer gehen die vornehmen venezianischen Damen, die in der Stadt geblieben sind, ins Hotel Cipriani zum Schwimmen. Nur eine dünne Wand trennt den wunderbaren Rasen, auf dem bequeme Chaiselongues aus Holz stehen, von der Lagune. Der Kissenbezug der Liegen wird jeden Morgen vom Hoteldiener gewechselt. Ein großes Buffet erlaubt es den Damen, den ganzen Tag in der Sonne zu verbringen. Das Hotel ist selten ausgebucht. Deswegen sind die Venezianerinnen in der Mehrheit. Das Schwimmbecken ist nicht jedem zugänglich. Ein monatlicher Beitrag hält minderbemittelte Sonnenanbeterinnen fern. Es ist kein Kind zu sehen. Während der Mittagszeit springen auch stattliche Männer ins geheizte Becken. Aber es sind die Damen, die das Bild bestimmen. Sie sind nicht jung. Abgesehen von einigen wenigen, die zaghaft ins Wasser steigen, bleiben die Damen auf ihren Liegen. Hier kann man sehen, wie ewig verwelkte Schönheit wirken kann. Es ist sehr ruhig auf der Wiese. Die jungen Diener nähern sich behutsam mit einem Getränketablett oder mit einem frischen Badetuch. Das Klingeln von tragbaren Telefonen unterbricht gelegentlich die Stille. Diese Wiese des Cipriani ist kein Ort für Begegnungen. Wie ihre Körper sind auch die Hoffnungen der Damen ermüdet. Nur ein Wunder könnte die Vestalinnen retten. Deshalb haben böse Zungen dem Ritualbad der Frauen im Cipriani den Namen »Lourdes« gegeben.

»Venedig ist ein kleines Becken«, warnte mich Stefano Del Re, stellvertretender Herausgeber einer der beiden venezianischen Tageszeitungen. Mir war eine Idee eingefallen, die auch nach Meinung meiner Freunde einen bescheidenen Beitrag zur Rettung Venedigs darstellte. Ich wußte nur zu gut, was mein Freund mit seiner skeptischen Äußerung meinte. Der Beruf des Propheten ist mir immer als eine der krisenfesteren Beschäftigungen vorgekommen. Am Ende aller unserer Bemühungen lauert die Niederlage. Nur sie ist uns gewiß. Dennoch war ich es müde geworden, im allabendlichen Klagechor die venezianische Ausweglosigkeit zu besingen. Vielleicht wollte ich mir nur nicht eines Tages vorwerfen müssen, gar nichts gegen den Untergang unternommen zu haben. Die Unsterblichkeit ist ohnehin nichts anderes als ein Gefühl, das manchen das Leben erträglicher macht. Ich kenne keinen Künstler, der sich ohne die vergebliche Hoffnung, eine Spur zu hinterlassen, an den Arbeitstisch setzt. Bescheiden bildete ich mir ein, es sei möglich, eine Sekunde der tausendjährigen venezianischen Geschichte zu bestimmen. Nichts war mir fremder als der Kulturbetrieb. Trotzdem entwarf ich ein Projekt, das sich eine Veränderung der venezianischen Haltung der Kultur gegenüber als Ziel setzte.

Es ist nicht so, daß ich eines Morgens mit dem fertigen Entwurf im Kopf aufwachte. Ich war selbst skeptisch. Vor kurzem hatte mich der leitende Funktionär eines Schweizer Theaters besucht und mich gefragt, ob sich nicht auch Venedig an den kostspieligen internationalen Theaterproduktionen seines Theaters beteiligen und auf diese Weise zusammen mit Paris oder Edinburgh eine ebenbürtige Spielstätte werden könnte. Venedig zum letzten Zugwagen eines vorhandenen europäischen Wandertheaters zu machen, konnte nicht die Lösung sein. Der Vorschlag enthielt auch nichts Neues. Seit langem bemühte sich die Stadtregierung mehr oder weniger erfolgreich, Venedig an alle möglichen internationalen Kulturinitiativen anzuhängen. Das Ziel war, die Kultur an die Lagune zu bringen. Venedig zum letzten Parkplatz für Inszenierungen zu machen, die bereits in mehreren europäischen Hauptstädten gezeigt worden waren, unterstrich nur die Provinzialität des kulturellen Angebots. Der Vorschlag war die Bestätigung der subalternen Rolle, die Venedig anscheinend inzwischen zugedacht war. Außerdem rechtfertigten die übriggebliebenen Einwohner eine weitere aufwendige kulturelle Einrichtung, die der Biennale ähnelte, nicht. Die Gleichgültigkeit der Venezianer war entmutigend. Der Theatervorschlag meines Bekannten aus der Schweiz konnte also nur den Touristen gelten. Aber die vorhandenen Strukturen vertragen eine größere Zahl von Stadtbesuchern nicht. Venedig starb einerseits, weil es der Stadt nicht gelang, sich selbst zu erhalten, andererseits platzte es vor lauter Besuchern aus allen Nähten.

Es war unerläßlich, die Venezianer davon zu überzeugen, daß nicht der konventionelle Tourismus, sondern die Kultur ihre Hauptindustrie werden mußte. Keine andere Stadt in der Welt konnte vergleichbare historisch künstlerische und architektonische Requisiten vorweisen. Venedigs Kapital war die Kultur. Das war unbestreitbar. Doch den Venezianern selbst war jede Kultur abhanden gekommen. Wer nicht im weiteren Sinn Diener war, fand keinen Arbeitsplatz. Die Stadt hatte in der Vergangenheit über mehr als hundert Bühnen verfügt. Heute war das Theater nicht einmal einer Erwähnung wert. Früher hatten Wissenschaftler, Handwerker, selbst Köche die Welt in Erstaunen versetzt. Jetzt mußten die Einheimischen zum Spezialisten nach Padua oder in die großen Einkaufszentren auf dem Festland fahren, um ihre Schuhe reparieren zu lassen und im häufigsten Fall eine neapolitanische Pizza zu verspeisen. Den Hochschullehrern waren ihre Planstellen sicher. Ihre Gehälter kamen aus Rom. Aber die Absolventen der Kunsthochschule und der renommierten Architektenschule konnten sich glücklich preisen, wenn sie für ein Maskengeschäft arbeiten konnten, eine Wohnung renovieren durften oder eine Stelle als Zeichenlehrer in einer Schule bekamen.

Außer ihren Schätzen und Steinen hatten die Venezianer der Welt nichts mehr zu bieten.

Wie sollten sie es also fertigbringen, Venedig wieder zu einer Kulturstadt zu machen? Die Antwort war leicht. Sie mußten in die Schule gehen.

In der Stadt gab es keine Lehrer mehr, die für das Vorhaben geeignet schienen. Früher hatte Venedig Kultur exportiert. Seine Kultur war im Ausland aufgeblüht. Sich Spitzenkräfte vom italienischen Festland und aus dem Ausland zu holen stellte sich als eine unverzichtbare Bedingung dar. Das war gar nicht so abwegig. Die großen Kulturhüter würden in gewissem Sinne den Venezianern ihre eigene Kultur, die sie verlernt hatten, wieder beibringen.

Ich finde es angebracht, das Projekt kurz zu skizzieren. Der Anfang war bescheiden. Er sah ein Netz von Werkstätten vor, in denen jeweils eine Kapazität von Weltrang für die Dauer von einem bis zu drei Monaten im Jahr mit einer Gruppe von fremden und venezianischen Jugendlichen arbeitete. Als Teilnehmer waren nur Lehrlinge erwünscht, die sich davon eine berufliche Zukunft versprachen und möglichst bereits eine Ausbildung auf dem betreffenden Gebiet besaßen. Le Corderie, der Name bezog sich auf die verlassenen Hallen der alten Seilerei, die dicht am ebenfalls verlassenen Arsenal standen und als Zentrale des Unternehmens dienen und in *fabbriche* unterteilt werden sollten, die den szenischen Künsten entsprachen. Innerhalb jeder Fabrik waren Werkstätten für jedes Handwerk der Kunstgattung gedacht.

Das bedeutete, daß es zum Beispiel in der Fabbrica del Teatro eine Werkstatt für Theaterschreiber und eine andere für Regisseure geben sollte, aber auch eine für angehende Beleuchter, Produzenten, Agenten, Pressereferenten, Schreiner, Schneider und Schuster. Die verschiedenen Werkstätten einer Fabrik würden gemeinsam an einem Spektakel arbeiten, das am Ende des Kurses aufgeführt werden sollte. Wenn man überlegt, wie eng verwandt die Berufe eines Theaterschreiners, -schusters oder -schneiders mit dem eines Möbelmachers oder Modeschöpfers sind, wird man leicht verstehen können, warum die Einbeziehung der Handwerksberufe in ein Kulturprojekt sinnvoll war.

An Raum fehlte es in Venedig nicht. Es ist unglaublich, wie viele unbenutzte Gebäude leer stehen, die mit relativ leichten Renovierungsmaßnahmen als Unterrichtsräume, Werkstätten, Wohnungen und Theater verwendet werden könnten.

Das Interesse seitens der Künstler und Kunsthandwerker, die Leiter der verschiedenen Werkstätten hätten werden sollen, war groß. Wer am Projekt arbeitete, bekam den Eindruck, daß die Initiative schon lange in der Luft lag. Die Reaktion der potentiellen Sponsoren war nicht geringer. Nach den unmittelbar bevorstehenden Reformen würde jedes europäische Unternehmen auf gleicher Basis mit seinen italienischen Kollegen in Italien konkurrieren können. Deutsche Banken, französische

Fluggesellschaften, britische Autofabriken bereiteten sich vor, die italienischen Grenzen zu überqueren. Ein venezianisches Projekt zu finanzieren war keine Schenkung, sondern eine Investition. Es war Werbung. Auch die italienischen Konzerne würden sich gezwungen sehen, in Venedig präsent zu sein. Hinzu kam die europäische Gemeinschaft, die jedes Jahr beträchtliche Summen für Lehrinitiativen vorsah.

Die Stadtregierung zeigte sich zunächst nicht abgeneigt. Das Kloster von Sant' Anna, das während der österreichischen Besatzung als Militärlazarett diente, stand kurz vor der Instandsetzung. Die beauftragten Architekten änderten ihre Baupläne, damit sich der Bankkomplex, der sich unweit von der Seilerei befand, für das Kulturvorhaben eignete. Es wurden vier große Theater, ausreichend Proberäume, Verwaltungsbüros und sogar Unterkünfte für Lehrer und Lehrlinge entworfen. Für die Zeit bis zur Fertigtellung des Umbaus, es waren zwei Jahre Bauzeit vorgesehen, stellte die Stadt dem neuen eingetragenen Verein ein Theater im Arsenal in Aussicht, das seit zwanzig Jahren geschlossen war. Trotz der Biennale, deren Pavillons in den Giardini Publici stehen, ist der Bezirk Castello eine wirtschaftlich deprimierte Wohngegend. Falls Le Corderie sich als erfolgreich erweisen würde, dann würde sich die Jugend Europas dort niederlassen und den Bezirk bedeutend aufwerten. Die Nähe zur Biennale war zusätzlich ein Vorteil. Die

Länderpavillons werden nur alle zwei Jahre für die Dauer der Kunstausstellung geöffnet. Nach Absprache mit den verschiedenen Ländern könnten Le Corderie die Bauten in der Zeit zwischen den Biennalen als Lehr- oder Probenräume nutzen.

Aus den Arbeiten der Fabriken würden szenische Produktionen entstehen, die in den italienischen und europäischen Städten gastieren könnten. Italien hat nie eine Theaterpolitik gehabt. Mit Hilfe ausländischer Talente könnte sich Venedig allmählich zu einem europäischen Zentrum der szenischen Kunst entwickeln. Le Corderie sah Koproduktionen mit maßgeblichen Theatern, Kulturhäusern und Filmschulen vor.

Die Kunstlehrlinge sollten Stipendien bekommen, damit sie sich für eine befristete Zeit in Venedig aufhalten konnten. Für sie würde man Wohnungen im Bezirk Castello erwerben oder mieten. Internate waren nicht erwünscht. Die Gefahr einer Ghettoisierung war angesichts der nicht geringen Ausländerfeindlichkeit zu vermeiden.

Das Kloster von Sant' Anna hätte über ein Café, eine Cinemathek und eine Bibliothek verfügt. Diese Einrichtungen fehlen in Venedig ganz. Aber auch die Speiselokale und Bars des armen Castello-Viertels hätten eine Blütezeit erlebt. Das Projekt bedeutete Umsatz und Arbeitsplätze.

Eine formale Anerkennung des neuen Vereins seitens der Stadtregierung wäre ausreichend gewesen. Sie war unerläßlich, um das Geld von Sponsoren annehmen zu können. Es fehlte nicht an Zusagen und Versprechungen der Funktionäre. Aber die Zeit schleppte sich dahin, und zu der erforderlichen Anerkennung kam es nie.

*Pink Floyd und die Toiletten (ein Exkurs)*

Vor ein paar Jahren waren einige einflußreiche Politiker und Geschäftsleute auf die Idee gekommen, zum Ende eines Jahrhunderts eine Weltausstellung in Venedig zu veranstalten. Das Projekt verfolgte insgeheim das Ziel, die Lagunenstadt mit einer neuen Infrastruktur zu versehen. Die überwiegende Mehrheit der Bevölkerung war entschieden dagegen. Es wurden Horrorszenarien entworfen. Immer wieder wurde an das berüchtigte Konzert von Pink Floyd erinnert.

Damals hatten die alten Rockstars mehr als zweihunderttausend Gäste aus aller Welt nach Venedig gelockt. Die Prophezeiungen von nicht wiedergutzumachenden Verwüstungen waren nicht eingetroffen, aber da Venedig nicht über genügend Toiletten verfügte, war die ganze Stadt zum Pissoir geworden. Der Gestank jener Tage ist immer noch Stadtgespräch. Die Organisatoren versicherten der Bevölkerung, daß für die Expo gerade diese leidige städtische Unzulänglichkeit endlich beseitigt werden würde. Es war vergeblich.

Selbst die apathischsten Venezianer gründeten Initiativen und Komitees und nahmen eifrig an Volksversammlungen gegen die Weltausstellung teil. Sie schmiedeten Fluchtpläne für den Fall einer Niederlage. Sechs Monate würden sie im Exil verbringen müssen. Auf einmal gebärdeten sie sich als Experten und Kulturhüter. Es war die Pflicht eines jeden Venezianers, den Kunstschatz vor den herumtrampelnden fremden Herden zu schützen. Die Expo wäre der Tod von Venedig. Die Weltausstellungsfeinde wurden im römischen Parlament vorstellig und siegten. Die Regierung verweigerte die nötigen Mittel.

Schon am nächsten Morgen schwebte eine merkwürdige Stimmung über der Stadt. Die Genugtuungsbeteuerungen über die gewonnene Schlacht hörten sich hohl an. Das Gefühl machte sich breit, daß die Weltausstellung eine Chance gewesen wäre, Venedig zu retten. Die Sieger mußten wahrnehmen, daß es irritierend still um sie geworden war. Die vorgesehenen Schnellbahnen, Zufahrtswege und Hafenanlagen rückten in eine ungewisse Ferne. Mit der überstandenen Gefahr waren auch die Geldmittel unerreichbar geworden. Es kam mir ein Gedicht von Konstantinos Kavafis in den Sinn: Der griechische Dichter erzählt von einer Stadt, die sich vor der unmittelbar bevorstehenden Ankunft der Barbaren fürchtet. Einen ganzen Tag warten Honoratioren und einfache Bürger auf den grausamen Feind aus der Fremde. Aber am Abend ist allen auf dem

Hauptplatz gewiß, daß keine Barbaren kommen werden. »Diese Leute waren vielleicht doch eine Art Lösung«, heißt es am Ende des Gedichts.

*Der Einsiedler und der Gastwirt (noch ein Exkurs)*

Der in Venedig seßhaft gewordene Fremde durchlebt, was seine Zugehörigkeit zur guten Gesellschaft betrifft, zwei voneinander scharf abgetrennte Lebensphasen. In der ersten wird der Eindringling beharrlich ignoriert. Wenn er keinen guten Namen trägt und sich auch keinen gemacht hat, bleibt ihm nichts anderes übrig, als sich den strengen Genüssen des Einsiedlers hinzugeben. Da er sich vermutlich kein Haus in der Toskana leisten kann, muß er sich auf ein Landleben in Venedig gefaßt machen. Für mich war diese bukolische Einsamkeit eine harte Probe. Mich kannte niemand. Meine Zukunftsaussichten waren düster. Aber die Zeit verging, und auch für mich begann die zweite Phase. In dieser Zeit lassen die venezianischen Damen und Herren den Fremden spüren, daß sie sich an seine Gegenwart gewöhnt haben. Er gehört gewissermaßen zum Stadtbild. Er wird eingemeindet. Selbst wenn er unscheinbar geblieben ist, gibt man dem Fremden mehr oder weniger gütig zu verstehen, daß die Einheimischen sich mit ihm abgefunden haben.

Nach kurzer Zeit erwies sich auch die zweite Phase als problematisch. Ich war nicht mehr einsam, aber kam wegen der Fülle gesellschaftlicher Verpflichtungen nicht mehr an meinen Schreibtisch. Man lud mich fast um die Wette ein. Daraufhin mußte ich an den Abenden, die noch frei blieben, selbst Abendessen oder Parties geben, um mich, wie die Deutschen sagen, zu »revanchieren«. Ich kann mir kein regeres Gesellschaftsleben als das venezianische vorstellen. Der bevorstehende Untergang Venedigs war das einzige Gesprächsthema. Manchmal ertappte ich mich dabei, zu überlegen, ob das Ende Venedigs nicht bereits gekommen war und wir es bei unseren Gesprächen nur nicht gemerkt hatten. Ich fragte mich, ob es überhaupt in Venedig bürgerliche Damen und Herren gab, die einer Arbeit nachgingen. Doch auch der Müßiggang, der übrigens an der Lagune sehr verbreitet ist, konnte nicht die einzige Erklärung sein für die soziale Verbissenheit, an der alle zu leiden schienen. Selbst in den Metropolen beschränkt sich der Freundeskreis auf zehn, höchstens fünfzehn Personen. In Venedig waren es mindestens vierzig. Zwar kam es mir manchmal so vor, als läse ich die Regieanweisungen eines altmodischen Konversationsdramas: Erst kommt die Personenliste, dann der erste Akt. Am Anfang des zweiten liest man: Dieselben Personen, aber nun in Marthas Wohnung oder Dieters Haus. Ich sah jede Woche mindestens fünfmal dieselben Gesichter. Ich glaube nicht, daß es sich nur um die Angst, allein in der sinkenden Stadt zu sein, handelte. Der venezianische Gesellschaftsrausch hatte etwas vom Benehmen eines bettlägrigen Depressiven, der nicht mehr leben will, sich aber einfach aufrappeln muß, wenn er im Wohnzimmer die vertrauten Stimmen und Gesprächsthemen hört, um sich zu den Versammelten zu begeben. Gewiß spielte die Angst ausgeschlossen zu werden, bei den venezianischen Sozialbesessenen eine Rolle. Langsam leuchtete mir ein, daß, sobald ein Venezianer auf die Straße ging, sich die Einsamkeit in Venedig als unmöglich erwies. Hier müssen sich alle zu Fuß oder mit Linienbooten fortbewegen. Dadurch wird die Stadt zu einem riesigen Salon, in dem sich jeder auf kurz oder lang wenigstens vom Gesicht her kennt. Woanders ist es durchaus möglich, einmal eine Freundesgruppe einzuladen, ein anderes Mal eine andere. Das ist in Venedig ausgeschlossen. Am nächsten Tag erfährt jeder, wer bei wem am Vorabend zu Gast war und fühlt sich gekränkt, wenn er nicht eingeladen war. Die einzige Methode, die mir einfiel, um dieses genauso umständliche wie vergebliche Versteckspiel zu vermeiden, ohne permanent unter Rechtfertigungszwang zu geraten, war eine Liste von obligaten Abendgästen aufzustellen. Sie bekamen einen festen Platz. Auf diese Weise saßen im besten Fall, wenn ich nicht nur immer mit meinen Stammgästen speisen wollte, zehn Gäste bis zu zweimal in der Woche an meinem Tisch. Falls einer meiner Freunde eine Freundin oder Cousine mitbrachte, weil sie bei ihm übernachtete und er sie nicht allein zu Hause lassen wollte, war schnell die Zahl Dreizehn erreicht, die, wir wir alle wissen, Unglück bringen soll. Wie viele haben außerdem heutzutage einen Eßtisch, an dem mehr als dreizehn Personen sitzen können? Die häufige Folge war, daß aus dem Abendessen um neun eine Stehparty wurde. Wenn wir schon soweit sind, warum nicht auch Pietro, Maria Teresa oder Christian einladen? Das Fleisch kann man mit dem elektrischen Messer in dünnere Scheiben schneiden. Letzten Endes essen die meisten nur Pasta. Heute macht sowieso jeder zweite Diät. Nach Überlegungen wie dieser waren es bald zwanzig Gäste, wenn nicht mehr.

Mit Sicherheit bekommt kein seßhafter Fremder in anderen Städten so oft Besuch von Bekannten aus der Ferne wie ein Wahlvenezianer. Wer nach Paris oder London fliegt, dem fällt es nur selten ein, die Bekannten, die dort leben, aufzusuchen. Im allgemeinen meldet sich der Reisende nur bei guten Freunden oder engen Arbeitskollegen. Der flüchtigste Bekannte wird für den Venedigbesucher plötzlich zum besten Freund. Der unnahbarste Manager, der selbstsüchtigste Funktionär entdeckt ein Projekt, das ohne die Mitarbeit des betroffenen Wahlvenezianers nicht zu realisieren ist. Daß diese Eingereisten im besten Fall überrascht, wenn nicht befremdet wären, falls der Venezianer umgekehrt bei ihnen zu Hause auftauchte, kommt ihnen während ihres Aufenthalts in Venedig nicht in den Sinn. Das alles wäre noch leicht zu ertragen, wenn sich die Zuneigung des flüchtigen Bekannten für seinen gerade entdeckten venezianischen Freund nicht auch auf seine Verwandten, Freunde oder Kollegen erstrecken würde. Eine venezianische Adresse gehört unbedingt in jede Reisetasche. »Ich bin der Freund des Bruders von Peter Müllers Frau«, sagte eines Abends eine Stimme am Telefon zu mir. Die Worte sind mir wahrscheinlich in Erinnerung geblieben, weil dieser Freund des Schwagers eines Freundes heute selbst einer meiner besten Freunde ist. Während der Kunst- oder Filmbiennale oder in der Hauptreisezeit – Venedig hat inzwischen immer Hochsaison –, ist es gefährlich, die eigene Wohnung zu verlassen, denn da zeigt sich der riesige venezianische Salon von seiner bedenklichsten Seite. In aller Wahrscheinlichkeit wird der Wahlvenezianer jenen hocherhobenen Arm, der in der Menge um Hilfe zu rufen scheint, nicht ignorieren können, denn er wird immer deutlicher und verzweifelter seinen Namen rufen hören. Eine österreichische Freundin, die viel länger schon als ich eine Zweitwohnung bei mir in der Nähe hat, nennt dieses Phänomen den venezianischen »Saharaeffekt«. Für den Hilferufer sei der Wahlvenezianer wie das Kamel, das ein Verdurstender auf der Höhe einer Düne erblickt. Manchmal bin ich versucht, Gastwirt als meinen Beruf anzugeben.

Der Wahlvenezianer muß immer auf der

Hut bleiben. Er darf keinen Venezianer vor den Kopf stoßen. Bei Diskussionen sollte er sich streng neutral verhalten, vor allem immer dankbar. Sonst wird er im besten Fall einen Brief bekommen oder einen Anruf, der fast wie eine Vorladung ist. Sonderbarerweise wird der Venezianer, der den Tadel ausspricht, die zweite Person plural verwenden, denn er spricht nicht nur für sich selbst, sondern vertritt die Einheimischen als Kollektiv. In diesem Zusammenhang unterscheiden sich die Venezianer nicht von den Serben oder Kroaten. Ein Italiener hat es in Venedig nicht viel leichter als ein Ausländer. Neulich versuchte ein linksdemokratischer Freund von mir, sich von seiner Partei, die die stärkste des Landes ist, als Kandidat für das Bürgermeisteramt aufstellen zu lassen. Seine Chancen bei der Wahl schienen gut zu sein. Er war seit vier Jahren Senator für Städteplanung. Die venezianischen ehemaligen Angehörigen der Dritten Internationale lehnten ihn mit der Begründung als Kandidaten ab, daß er ein Fremder sei. Obwohl er seit über dreißig Jahren an der Lagune lebte, warfen die Venezianer meinem Freund vor, daß er aus Bologna stammte. Nach einem ganzen Leben in Venedig war der gebürtige Bologneser wie ich letzten Endes nur ein Venezianer auf Abruf.

Die große Sammlerin hatte die feste Absicht, Venedig ihre vorzügliche Kollektion moderner Kunst zu hinterlassen. Die Stadt akzeptierte die Sammlung nicht. In der Stadt wurde der amerikanischen Wahlvenezianerin vorgeworfen, daß sie sich die Erbschaftssteuer sparen wollte. Peggy Guggenheim vermachte die unschätzbaren Bilder der Stiftung ihres Onkels Salomon Guggenheim der Stadt New York, die sich verpflichtete, die Sammlung mindestens sechs Monate im Jahr in Peggys venezianischem Haus auszustellen. Die Bilder wurden von den New Yorkern restauriert, der Palazzo dei Leoni am Canal Grande wurde instand gesetzt und erweitert. Während in Venedig der Bau eines neuen Museums für moderne Kunst diskutiert wird und das alte von Ca Pesaro am Canal Grande vernachlässigt dahinsiecht, ist das venezianische Guggenheim-Museum eines der bedeutendsten der Welt geworden. Die Unternehmen ringen miteinander um einen Platz an Bord der Sponsoren. Allein durch den Karten- und Souvenirverkauf macht das vorzüglich von dem britischen Kunsthistoriker Philip Rylands geleitete Museum einen Jahresgewinn von einer halben Million Mark. Die Peggy Guggenheim Collection ist zweifellos das Zentrum des venezianischen Kunstlebens.

Seit Jahren versucht die Museumsleitung, die leerstehenden Räume des alten venezianischen Zollhauses auf der Landspitze hinter der

Salute-Kirche von der Stadtregierung zu bekommen, um ein Museum für ihre New Yorker »Arte-Povera«-Sammlung einzurichten. Das Projekt macht keine Fortschritte. Die Stadtregierung akzeptiert, daß die Guggenheim-Stiftung die bedeutende Sammlung an Venedig abgibt und die notwendigen Baukosten übernimmt, aber sie will das Sagen haben.

Peggy Guggenheim pflegte zu sagen: »Venice would be just wonderful if there were only no Venetians.«

## *III. Der venezianische Untergrund*

Vor etwa zehn Jahren kamen einige Städteplaner auf die Idee, in Venedig eine Untergrundbahn zu bauen. Beim Weinabend mit Freunden wurde der Aufstand geprobt. Nun würden die Barbaren aus einem U-Bahnschacht mitten auf dem Markusplatz in die Stadt strömen. Mit dem unaufhaltsamen, aber angenehm langsamen Untergang ins Meer ließ es sich leben, auch eine Ratteninvasion war denkbar, da die Stadtregierung insgeheim die Katzen vernichtet hatte. Aber daß die Fremden aus dem Untergrund kommen sollten, stellte einen Untergang dar, an den die besseren Venezianer nicht gedacht hatten. Trotzdem geriet keiner in Panik. Weit harmlosere Eingriffe erwiesen sich beruhigenderweise in Venedig als undurchführbar.

Seit über fünfzig Jahren fand in regelmäßigen Abständen ein Architekturwettbewerb statt, aus dem die Stadtregierung sich angeblich eine Lösung für das Problem der Stadtzufahrt versprach. Die »Auto-Endstation« am Piazzale Roma am Ende der Freiheitsbrücke war seit Menschengedenken den Erfordernissen eines Massenverkehrs nicht mehr gewachsen. Es genügte, daß zwei Wagen auf der Brücke zusammenstießen, damit der Autoverkehr in beiden Richtungen für mehrere Stunden gesperrt war. An den Wochenenden war den Stadtbesuchern sogar ein Stellplatz in dem dürftigen Autoterminal ungewiß. Häufig sah sich die Verkehrspolizei gezwungen, den fremden Fußgängern den Zutritt ganz zu verbieten. Nur wer sich als Venezianer ausweisen konnte, bekam Einlaß. Immer wieder erschallte der Ruf nach der Einrichtung einer Kasse auf dem Piazzale Roma. Die Touristen rangen nach einem Platz in den Linienbooten. Schon Thomas Mann hatte geklagt, daß der Besucher Venedig durch den Boteneingang betreten müßte. Mit der Zeit war die Behauptung des Dichters ein Euphemismus geworden. Mir ging der Gedanke nicht aus dem Kopf, daß der Piazzale Roma weniger eine Folge der Unbedachtsamkeit als eine unbewußte Abwehrmaßnahme war. Das ganze Autoterminal war in Wirklichkeit ein Schild. Darauf stand: »Bettler und Vertreter unerwünscht.«

Der Wettbewerb war ein Ritual, an dem sich nur ehrgeizige junge oder rettungslos naive Architekten beteiligten. Natürlich kamen dabei alle auf die Idee, Parkplätze an den Lagunenufern zu errichten und die Boote von mehreren Seiten aus nach Venedig fahren zu lassen. Jedem leuchtete ein, daß die Freiheitsbrücke obsolet war. Trotzdem schien der Piazzale Roma einigen Bestand zu haben.

Die Bahnbrücke, die parallel dazu lief, hatten die österreichischen Besatzer gebaut. Der Bahnhof neben dem Piazzale Roma war ebenfalls überfordert. Renzo Piano entwarf ein Projekt, das die Umlagerung des Bahnhofs in die Hafengegend erforderlich machte, die sich direkt hinter den Zattere, praktisch mitten in der Stadt, befindet. Die Flughafengegend sollte in eine Trabantenstadt für Touristen umgewandelt werden, mit direktem Zugang zu den Linienbooten nach Venedig. Der große Architekt nannte sein Projekt den venezianischen »Magneten«. Ich schätze, daß die Aussichten, daß der vorzügliche Piano-Magnet gebaut wird, gleich null sind.

Verglichen mit dem U-Bahnprojekt war »Il Magnete« bescheiden, und die Befürchtungen der Venezianer sind völlig unbegründet. An U-Bahnstationen in der Innenstadt hatten die Ingenieure nicht gedacht. Die U-Bahn sollte hinter der schmalen Giudecca-Insel gebaut werden. Die Schächte wären von Venedig aus unsichtbar gewesen. Die Fahrgäste hätten mit ein paar Schritten die Bootsanlegestellen erreichen und die Lagune mit dem Linienboot überqueren können. Beabsichtigt war nicht nur, den Touristen den Zugang in die Stadt zu erleichtern, sondern Venedig überhaupt lebensfähig zu machen. Das venezianische Hinterland ist eine Industriegegend, die sich mit dem deutschen Ruhrgebiet vergleichen läßt. Da sie leichter erreichbar sind, haben Städte wie Padua, Vicenza und Treviso Venedig als urbanes Zentrum den Rang abgelaufen. Die Lagunenstadt ist allmählich vom industriellen Fortschritt ins Abseits gedrängt worden. Die Untergrundbahn würde Venedig wieder in die Industrielandschaft eingliedern. Mit der U-Bahn könnten die zahllosen Inseln der Lagune zum hochwertigen Bauland werden. Wohnungen, Hotels, Universitäten würden auf dem sonst unerreichbaren Archipel entstehen. Die Zentralen der Banken, Versicherungsgesellschaften, Industriekonzerne wären wieder geneigt, sich in der Stadt niederzulassen. Mit dem Bau der U-Bahn bekäme Venedig eine neue, bisher nicht vorstellbare Existenzbasis.

Dennoch ist Skepsis angesagt. Die Personen, die in Venedig den Ton angeben, wollen weniger Venedig als ihren privilegierten Lebensstil retten.

Sowohl die aufwendige Sanierung des Untergrunds, die im Augenblick umständlich und höllisch lärmend mit Zementspritzen im Gange ist, wie auch das »Mose«-Projekt zur Beseitigung des Hochwasserphänomens, das seit Jahren aufgeregt diskutiert wird, hat die Zentralregierung finanziert. Die Steine werden uns also vermutlich überleben. Aber wie gelingt dies Venedig als Stadt?

»Bei Hochwasser soll doch jeder Gummistiefel anziehen!« antwortete überdrüssig der venezianische Bürgermeister Massimo Cacciari auf die immer wiederkehrende Frage nach dem Beginn der Bauarbeiten zur Bekämpfung des Hochwassers. Famous last words. Die Worte des ersten Bürgers und Philosophieprofessors könnten sich jedes Jahr aufs neue als tragisch schicksalhaft erweisen. Im Laufe des ausgehenden Jahrhunderts ist der Meeresspiegel der Adria um etwa sieben Zentimeter gestiegen. Gleichzeitig ist die Lagungenstadt selbst um ganze zehn gesunken. Seit zweihundert Jahren kokettiert Venedig mit dem Untergang. Doch Anfang des Jahrhunderts stand der Markusplatz nur etwa sechs Mal unter Wasser. Während der achtziger Jahre waren es schon über vierzig, im Jahr 1996 fast hundert Überflutungen.

Das Projekt, das Venedig vor der großen Sturmflut retten soll, trägt den bezeichnenden Namen »Mose«. In den letzten zehn Jahren haben bereits drei internationale Expertenausschüsse hintereinander das System von riesigen Klappen an den Meeresmündungen, das bei Sturm eine vorübergehende Schließung der venezianischen Lagune ermöglicht, positiv begutachtet. Vergleichbare Einrichtungen sind bei London und Rotterdam längst erfolgreich in Funktion. Dennoch wird der Baubeginn der mobilen Dämme in Venedig immer wieder verschoben. »Mose« altert. Die Stadtregierung läßt sich Zeit. Wenn die Zentralregierung in Rom »Mose« gesetztlich durchzusetzen versucht, will Bürgermeister Cacciari eine Volksbefragung zu dem Thema durchführen.

1996, als ganz Venedig meterhoch überflutet war, befanden sich der Dogenpalast, der Glockenturm der Markuskirche und viele der wichtigsten Bauten am Canal Grande nach Meinung der Statiker wegen des unaufhaltsam steigenden Wasserdrucks kurz vor dem Einsturz. Ein plötzlicher Wechsel der Windrichtung rettete Venedig. Es war ein Wunder. Seither ist der Untergang zwar das beliebteste Thema der Stadt, aber kein Venezianer glaubt wirklich daran, daß seine Stadt jemals im Meer versinken wird. Während des Kosovo-Kriegs fürchteten sich die Gondolieri eher vor einem verirrten Natobomber oder einem terroristischen Angriff der Jugoslawen als vor der stets drohenden großen Sturmflut. Gegen das Hochwasser ist bislang nichts unternommen worden. Auch in diesem Jahr ist die große Flutwelle ausgeblieben.

Die kleineren, immer häufigeren Überflutungen sind auf lange Sicht vielleicht noch gefährlicher als der große Sturm. Bekanntlich ist Venedig auf Holzpfeilern gebaut, die dicht nebeneinander tief im Lagunenboden stecken. Allein unter der Kirche Salute befindet sich ein versunkener Wald von über sechzigtausend Bäumen. Darauf liegen Holzplanken, die wiederum mit einer dicken Schicht »Pietra d'Istria«, einer Art weißlichen Marmor aus dem nahen Istrien, belegt sind. Dieser Steinbelag dient als Baufundament für Häuser, Straßen und Gärten. Würden diese Steine gelegentlich naß, wie es in den vergangenen Jahrhunderten der Fall war, stellte das keine Gefahr für Venedig dar. Aber die Marmorplatten haben durch die ständige Nässe begonnen zu zerbröckeln. Falls dieses Schwinden des Gesteins nicht aufgehalten wird, könnte wirklich nichts mehr Venedig retten.

Seit etwa zwei Jahren sind ebenso rätselhafte wie kolossale Bauarbeiten in mehreren Teilen der Stadt im Gange. Mit Zementeinspritzungen in vierzehn Meter Tiefe versucht man, sämtliche Ufer und den ganzen Boden unter den Bauten zu befestigen. Vor meinem Haus stehen seit anderthalb Jahren riesige Bohrer, Mörtelmaschinen und Bagger. Demnächst soll aber das Ufer der Zattere endlich fertig saniert sein und der infernalische Baulärm an mir vorbeiziehen. Danach kommen beide Ufer des Canal Grande dran. Gleichzeitig arbeitet man an den Seitenkanälen. Bis der ganze Boden unter der Lagunenstadt und die zerbröckelnden Baufundamente nahtlos einzementiert sind. Ich weiß nicht, wer diese babylonischen Arbeiten finanziert. Ich vermute, daß hinter dem Zentralstaat auch die Europäische Union steht. Neulich hörte ich einen alten Grafen im Café am Tresen klagen. Sein Haus ist eines der historisch wichtigsten Palazzi am Canal Grande. Der Graf weiß, daß sein Palast baufällig ist und fragt sich, wer für die Sanierung der Fundamente aufkommen wird. »Ich kann mir auch ein Viertel, ja selbst ein Zwanzigstel der unerläßlichen Arbeiten nicht leisten«, sagte der Edelmann und lachte dabei. Ca Foscari, der Hauptsitz der venezianischen Universität, drohte vor einigen Jahren in den großen Kanal zu stürzen und wird seitdem mit Holzpfählen gestützt. Sicher ist, daß die Sanierungsarbeiten Jahrzehnte dauern werden. Venedig soll sich allmählich in ein riesiges, lärmendes, endloses Baugelände verwandeln. Daß die Stadtregierung den Venezianern nichts genaues über das Ausmaß der Instandsetzungsarbeiten sagt, ist durchaus verständlich. Venedig lebt vom Tourismus. Im Jahr 2000 wird mit zwanzig Millionen Besuchern gerechnet.

### *V. Venedig – ein Wüstentraum*

Der Dogenpalast, der Glockenturm der Markuskirche, die Rialtobrücke fliegen in die Luft! Es ist seltsam. An ihren Mauern sind keine Schäden erkennbar. Sie sind aneinander gepreßt, aber intakt. Es ist kein Wasser zu sehen. Die Lagune ist verschwunden. Ein Wirbel reißt Venedig in die Höhe. Es muß sich um eine Sandhose handeln, denn die Stadt fliegt angeblich in die Wüste. Fremde haben Venedig der Lagune entrissen und nehmen es mit nach Las Vegas.

Das ist kein Wunder, auch nicht die Vision

eines Künstlers. Das Bild will weder eine Warnung an die Venezianer noch eine Prophezeiung sein. Ich betrachte eine Fotomontage, die für eine Hotelanlage in Las Vegas wirbt. »Venedig – Nevada« ist am Montag, den 3. Mai 1999 eröffnet worden. Der Prospekt ist in englischer Sprache gedruckt. *Alien* bedeutet Fremder. Der Werbemann will vermutlich andeuten, daß es außerirdische Wesen sind, die Venedig verpackt haben und in einem Wirbel in die Wüste von Nevada transportieren. Ich ziehe es vor, *aliens* einfach als Fremde zu verstehen. Nicht Marsmenschen haben ihre Hand im Spiel gehabt, sondern der Milliardär Sheldon Adelson aus Las Vegas, er hat das legendäre Sands des Stadtgründers, des Gangsters Bugsy Siegel, abgerissen – dort waren Frank Sinatra und sein Rattenpack aufgetreten –, um seinen Wüstentraum zu verwirklichen. Unter dem Bild steht geschrieben: »Der Verlust Italiens ist unser Gewinn.«

Der Glockenturm von Venedig, Nevada, ist 105 m hoch und beherrscht den Strip, die wichtigste Straße von Las Vegas. Er ist dem Original verblüffend ähnlich. Auch die Rialtobrücke ist getreu nachgebaut worden; sie überquert den Canal Grande. Der Wüsten-Canal-Grande ist voller venezianischer Gondeln, die auf zwei Millionen Litern Wasser schwimmen. Die Kanäle erstrecken sich in Las Vegas über eine Gesamtlänge von 40 km. Um den Markusplatz stehen die 15 Gaststätten und die 78 Boutiquen. Die Replik des Dogenpalasts ist mit

Kopien berühmter venezianischer Gemälde dekoriert und beherbergt die Spieltische und die *slot machines*. Dahinter steht ein Hotel mit 35 Stockwerken und 3036 Suiten im venezianischen Stil, die eine Größe von 36qm haben. Die Hotelhalle ist ein 46m langer Säulengang. »Ich wollte den Luxus und die Dekadenz Venedigs imitieren«, sagt Sheldon Adelson. Sein Venedig ist eine Million Quadratmeter groß und soll ihn 15 Milliarden Dollar gekostet haben. »Vor einiger Zeit besuchte ich den venezianischen Bürgermeister«, behauptet der amerikanische Unternehmer, »weil ich ihm eine Zusammenarbeit vorschlagen wollte. Ich bin immer noch davon überzeugt, daß Venedig, Nevada, in den Touristen die Lust erweckt, das Original zu sehen. Ich wollte dem Bügermeister anbieten, den einen oder anderen Palast an der venezianischen Lagune zu renovieren.« Der Bürgermeister weigerte sich, Herrn Adelson zu empfangen. Er war außer sich. Das Wüstenunternehmen sei eine Vergewaltigung der Kulturstadt. Er forderte das wahrscheinlich etwas überraschte italienische Kultusministerium auf, sich bei der europäischen Gemeinschaft oder bei der UNO für ein Copyright auf historische Städte einzusetzen. Olivero Toscani, Fotograf und Werbegrafiker jener provozierenden Werbekampagne von Benetton, den die venezianische Stadtregierung daraufhin mit der Verteidigung der Lagunenstadt beauftragte, ging sogar noch weiter. Er forderte, daß zwei Natobomben vom Krieg in Kosovo nach

Nevada geschickt würden, um das Wüsten-Venedig dem Erdboden gleichzumachen.

Sophia Loren, die zur Eröffnung nach Las Vegas eingeladen wurde, erklärte sich begeistert. Sie sah keinen Grund zur Unruhe. Las Vegas verfügte bereits über einen Eiffelturm, eine Miniatur von Manhattan, einen Comer See, einen Stromboli-Vulkan, eine ägyptische Pyramide und ein Exkalibur-Schloß. Sich über Kitsch zu streiten kam der Diva verständlicherweise lächerlich vor.

Die venezianischen Herren haben in meinen Augen jeden Grund wütend zu sein, wütend auf sich selbst, wohlgemerkt. Ich gehe nicht so weit, Las Vegas in Nevada als Vorbild für die Stadt an der Lagune zu empfehlen. Aber ich behaupte, daß den venezianischen Herren, wenn sie Venedig an der Lagune nicht als Kulturstadt auferstehen lassen, nichts anderes übrigbleiben wird, als in Nevada vorstellig zu werden und die Herren des Venedig in der Wüste anzubetteln.

Noch ist es nicht so weit. Venedig besteht weiter. Die Sturmflut bleibt gewiß auch im kommenden Jahr aus. Es könnte durchaus sein, daß es den Zementspritzern gelingt, die Fundamente zu sanieren. Ein Bäcker oder zwei sind noch da.

Die schüchterne herbstliche Sonne vergoldet wie in der alten Zeit wieder die Fassaden. Jeder sollte einmal in seinem Leben dieses Wunder gesehen haben. Die erste Venedig-Reise allzusehr zu verschieben, ist aber wahrscheinlich nicht empfehlenswert. Wer weiß, wie lange der Untergang Venedigs noch eine angenehm ferne Drohung sein wird.